Kauderwelsch
Band 143

Impressum

Elfi H. M. Gilissen
Amerikanisch – Wort für Wort
erschienen im
REISE KNOW-HOW Verlag Peter Rump GmbH
Osnabrücker Str. 79, D-33649 Bielefeld
info@reise-know-how.de

Umschlag Peter Rump
Layout Elfi H. M. Gilissen
Layout-Konzept Günter Pawlak, FaktorZwo! Bielefeld
Fotos Wolfram Schwieder
Kartographie Iain Macneish
Druck und Bindung Fuldaer Verlagsanstalt GmbH & Co. KG, Fulda

ISBN: 978-3-89416-512-3
Printed in Germany

Dieses Buch ist erhältlich in jeder Buchhandlung der BRD, Österreichs, der Schweiz und der Benelux. Bitte informieren Sie Ihren Buchhändler über folgende Bezugsadressen:

BRD Prolit GmbH, Postfach 9, 35461 Fernwald (Annerod) sowie alle Barsortimente
Schweiz AVA-buch 2000, Postfach 27, CH-8910 Affoltern
Österreich Mohr Morawa Buchvertrieb GmbH Sulzengasse 2, A-1230 Wien
Belgien & Niederlande Willems Adventure, www.willemsadventure.nl
direkt Wer im Buchhandel kein Glück hat, bekommt unsere Bücher zuzüglich Porto- und Verpackungskosten auch direkt über unseren Internet-Shop: **www.reise-know-how.de**

Zu diesem Buch ist ein **AusspracheTrainer** erhältlich, ebenfalls in jeder Buchhandlung der BRD, Österreichs, der Schweiz und der Benelux-Staaten.

Der Verlag möchte die **Reihe Kauderwelsch** weiter ausbauen und **sucht Autoren**! Mehr Informationen finden Sie auf unserer Internetseite **www.reise-know-how.de/buecher/special/schreiblust-inhalt.html**

Kauderwelsch

Elfi H. M. Gilissen

Amerikanisch

Wort für Wort

To Rosa & Alfons Gilissen,
Lynne, Allyson & Dana Gillette:
Thanx for making it possible!

Reise Know-How
im Internet
www.reise-know-how.de

Aktuelle Reisetipps
und Neuigkeiten,
Ergänzungen nach
Redaktionsschluss,
Büchershop und
Sonderangebote
rund ums Reisen

Kauderwelsch-Sprechführer sind anders!

Warum? Weil sie Sie in die Lage versetzen, wirklich zu sprechen und die Leute zu verstehen.

Wie wird das gemacht? Abgesehen von dem, was jedes Sprachbuch bietet, nämlich Vokabeln, Beispielsätze etc., zeichnen sich die Bände der Kauderwelsch-Reihe durch folgende Besonderheiten aus:

Die **Grammatik** wird in einfacher Sprache so weit erklärt, dass es möglich wird, ohne viel Paukerei mit dem Sprechen zu beginnen, wenn auch nicht gerade druckreif.

Alle Beispielsätze werden doppelt ins Deutsche übertragen: zum einen **Wort-für-Wort**, zum anderen in „ordentliches" Hochdeutsch. So wird das fremde Sprachsystem sehr gut durchschaubar. Denn in einer fremden Sprache unterscheiden sich z. B. Satzbau und Ausdrucksweise recht stark vom Deutschen. Ohne diese Übersetzungsart ist es so gut wie unmöglich, schnell einzelne Wörter in einem Satz auszutauschen.

Die **Autorinnen** und **Autoren** der Reihe sind Globetrotter, die die Sprache im Land selbst gelernt haben. Sie wissen daher genau, wie und was die Leute auf der Straße sprechen. Deren Ausdrucksweise ist nämlich häufig viel einfacher und direkter als z. B. die Sprache der Literatur oder des Fernsehens.

Besonders wichtig sind im Reiseland **Körpersprache, Gesten, Zeichen** und **Verhaltensregeln**, ohne die auch Sprachkundige kaum mit Menschen in guten Kontakt kommen. In allen Bänden der Kauderwelsch-Reihe wird darum besonders auf diese Art der nonverbalen Kommunikation eingegangen.

Kauderwelsch-Sprechführer sind keine Lehrbücher, aber viel mehr als Sprachführer! Wenn Sie ein wenig Zeit investieren und einige Vokabeln lernen, werden Sie mit ihrer Hilfe in kürzester Zeit schon Informationen bekommen und Erfahrungen machen, die „taubstummen" Reisenden verborgen bleiben.

Inhalt

Grammatik

Konversation

Anhang

KEEP
RIGHT
HOME
OFFICE

Vorwort

Wozu Amerikanisch lernen - da spricht man doch Englisch, oder?! Richtig - aber es ist doch anders als das, was man in der Schule gelernt hat. Fährt man nur nach New York, Boston oder auch San Francisco, wird man Ihr eher britisches Englisch belächelnd verstehen, je mehr Sie aber in den Süden oder ins Landesinnere vorrücken, desto weniger werden Sie verstehen können und desto weniger werden Sie verstanden werden. Amerikanisch ist eben doch anders als Englisch – vor allem die Aussprache und der Gebrauch der Wörter. Doch es gibt noch mehr Gründe, sich intensiver auf einen Besuch in Amerika vorzubereiten. In dem Land der unbegrenzten Möglichkeiten darf man sich nämlich oft weitaus weniger Freiheiten herausnehmen als in Europa. Damit Sie nicht unvorbereitet in so manches Fettnäpfchen treten, verrate ich Ihnen im Konversationsteil, wie Sie einen Kulturschock in Amerika vermeiden können. Vorurteile, wie z. B., dass alle Amerikaner oberflächlich seien oder dass es dort keine Esskultur gäbe, werde ich Ihnen auch gerne ausreden, damit Sie bei Ihrem Besuch nicht ständig am hotdog stand oder bei fast food restaurants hängen bleiben, und sich dann hinterher über das schlechte Essen in Amerika beschweren.

Have fun! Elfi H. M. Gilissen

Hinweise zur Benutzung

Der Kauderwelsch-Sprechführer besteht aus drei Teilen: aus Grammatik, Redesituationen und einer Wörterliste (Deutsch – Amerikanisch und Amerikanisch – Deutsch).

Der Grammatikteil fasst sich kurz, bringt Ihnen aber alle wichtigen Strukturen eines amerikanischen Satzes nahe. Jeder Satz ist Wort-für-Wort übersetzt. Diese Wort-für-Wort-Übersetzungen begleiten Sie durch das Buch und helfen Ihnen, die Satzstruktur leichter zu durchschauen und selbst andere Wörter aus den Themenfeldern im Konversationsteil einzusetzen.

Amerikanisch	**I'd like some of this/that, please.**
Lautschrift	eidleik ßammef ðiß/ðäd plies
Wort-für-Wort	*ich'würde mögen manche von dies/das bitte*
Deutsch	Ich hätte gern etwas hiervon/davon, bitte.

Wörter, die im amerikanischen Satz mit einem Apostroph verbunden sind, sind auch in der Wort-für-Wort-Übersetzung apostrophiert. Zwischen zwei Wörtern, die man untereinander austauschen kann, steht ein Schrägstrich /.

Im Konversationsteil finden Sie alle wichtigen Sätze aus der Alltagssprache der Amerikaner, geordnet nach Alltagssituationen die für Reisende von Bedeutung sind, sowie interessante Hintergrundinformationen über die amerikanische Kultur.

Zahlen

Um den Umgang mit Zahlen zu erleichtern, ist auf jeder Seite die Seitenzahl auf Amerikanisch und in Lautschrift angegeben!

Die Lautschrift zeigt Ihnen, wie man das Amerikanische ungefähr richtig ausspricht – wie im britischen Englisch gibt es einfach unzählige Arten, den gleichen Buchstaben auszusprechen. Daher gibt es für jedes Wort und jeden Satz zusätzlich eine Lautschrift.

Die Umschlagklappe hilft, die wichtigsten Sätze und Formulierungen stets parat zu haben, die man mit den Vokabeln aus den einzelnen Kapiteln kombinieren kann. Hier finden sich außerdem schnell die wichtigsten Angaben zur Aussprache und eine kleine Liste der wichtigsten Fragewörter, Richtungs- und Maßangaben, sowie eine Karte der USA. Wer direkt nach seiner Ankunft noch Verständigungsprobleme hat, kann sich erst mal mit „Nichts verstanden? – Weiterlernen!" aus der Umschlagklappe über Wasser halten.

Unterschiede zum Britischen

Dieses Kapitel hilft Ihnen, wenn Sie bereits Englisch in der Schule gelernt haben und jetzt nur noch wissen müssen, was Sie in den USA so nicht sagen können oder anders aussprechen sollten. Für die Unterschiede im Wortschatz und Wortgebrauch kann ich Ihnen keine Regeln nennen – die müssen Sie sich einfach merken, aber was die Schreibweise anbelangt, so kann man sogar ein paar Regeln für die Unterschiede nennen:

Unterschiede zum Britischen

Schreibweisen

	Amerikanisch	Britisch
-or *statt* -our	**color, favorite**	**colour, favourite**
-ll *statt* -l *(betont)*	**fulfill, skillful**	**fulfil, skilful**
-l *statt* -ll *(unbetont)*	**traveled, equaled**	**travelled, equalled**
-og *statt* -ogue	**catalog, dialog**	**catalogue, dialogue**
-ck/-k *statt* -que	**bank, check**	**banque, cheque**
-ense *statt* -ence	**defense, license**	**defence, licence**
-ze *statt* -se	**analyze, memorize**	**analyse, memorise**
-er *statt* -re	**center, theater**	**centre, theatre**
-e *statt* -oe/-ae	**encyclopedia**	**encyclopaedia**
	maneuver	**manoeuvre**
ohne Wortstamm-e	**argument**	**arguement**
(argue, judge) *statt mit*	**judgment**	**judgement**

Darüber hinaus gibt es einige, deren Regeln nicht so einfach zusammenzufassen sind.

jewelry, specialty	**jewellery, speciality**
pajamas, tire	**pyjamas, tyre**
program	**programme**
donut, thru	**doughnut, through**
lite, nite	**light, night**

Für die Unterschiede bei der Bildung des Partizip Perfekts im Amerikanischen gibt es drei wichtige Kategorien:

	Grundform	Amerikanisch	Britisch
-ed *statt* -t	**learn**	**learned**	**learnt**
Grundform statt -ed	**wed**	**wed**	**wedded**
unregelmäßig statt -ed	**light**	**lit**	**lighted**

Wortgebrauch

Hier sehen Sie ein paar typische Unterschiede im Wortgebrauch zwischen Amerikanern und Briten.

Deutsch	Amerikanisch	Britisch
Wohnung	**apartment**	**flat**
Pflaster	**band-aid**	**plaster**
Toilette	**bathroom**	**toilet**
Windel	**diaper**	**napkin**
Radiergummi	**eraser**	**rubber**
Taschenlampe	**flashlight**	**torch**
Pudding	**jello**	**jelly**
Ferien	**vacation**	**holiday**

Bedeutung des britischen Wortes für den Amerikaner:
flach
gipsen
Toilette, aber unhöflich
Serviette
Kondom
Fackel
Marmelade
Feiertag

Aussprache

Bei diesen Beispielen ist zwar die Schreibweise gleich, aber die Aussprache anders.

	Amerikanisch	Britisch
advertisement	ädwörteismen	ädvörtißment
secretary	ßäkretäriej	ßäkretrie
tomato	tomäjdow	tomatoh
recess	rießeß	rießeß
writer	reider	reite
morning	mornin	morning
herb	örb	hörb
new	nu	nju
privacy	preivesie	privesie
fillet	filläj	fillit
schedule	ßkädjell	schädjell

m, n, *und* ng *werden im Amerikanischen richtig schön nasal gesprochen, im Britschen nicht.*

Die Dialekte in den USA

Wenn man sich die Größe der USA mit 9.826.630 km² und über 300 Millionen Einwohnern anschaut, kann man sich vorstellen, dass die Bewohner unmöglich eine homogene Sprache sprechen können. Die turbulente Geschichte Amerikas hinterließ in jedem Teil des Landes ihre deutlichen Spuren auch im sprachlichen Bereich – im Nordosten ließen sich die ersten aus Europa Flüchtenden nieder – vorwiegend Briten, Niederländer, aber auch Deutsche, Dänen, Schweden – eher konservative Völker, die sich ein zweites, besseres Europa in Amerika aufbauen wollten, nicht umsonst heißen die Bundesstaaten des Nordostens „Neu England", und die hier gesprochene Sprache ist dem Britischen am ähnlichsten. Mit der Entwicklung der Industrie im Norden, dem Land der Yankees, breitete sich der Dialekt der Nordstaatler zwischen Kanada, dem Mittleren Westen und nach Süden bis zur ehemaligen Grenze der Südstaaten aus.

Northern
norðern
Nord-

Das industrielle Herz Amerikas an den Großen Seen mit einem hohen afro-amerikanischen Bevölkerungsanteil darin eingeschlossen – sie waren aber keine Sklaven, sondern freie Bürger – Arbeiter in den Fabriken der nordamerikanischen Yankees.

Midland
midländ
Mittel-Land, zwischen Nord- und Südosten

Das Gegenstück in the Good Ol' South ðe guhd owl ßauwð – dem guten alten Süden – wurde von Franzosen regiert, die aus Afrika

Southern
ßaðern
Süd-

entführte, gekaufte schwarze Sklaven zur Arbeit auf den Baumwollfeldern einsetzten. Hier liegt die Wurzel der Apartheid. Das afrikanisch-französische Gemisch hat hier am deutlichsten seine Spuren im amerikanischen Dialekt hinterlassen. Weißbrot nennt man hier light bread leitbräd (ist aber nicht kalorienarm), lightwood leitwud ist das, was man eigentlich kindling kindlin (Feuerholz) nennt, und low low ist für die Südstaatler das Muhen der Kuh. Man nutzt das „r" in einer Endsilbe, wie in car ka (Wagen), card kahd (Karte), beer bie (Bier), board bowd (Brett), zur Verlängerung des davor stehenden Selbstlautes. Statt „ng" am Wortende hört man nach dem „n" auf, wie in workin' wökin (arbeiten), fishin' fischin (fischen), mornin' mownin (morgen), nothin' naðin (nichts). Das „i" wird einfach wie das „e" ausgesprochen, und man kann Worte wie in pin – pen pän (Anstecknadel – Kugelschreiber), him – hem häm (ihm/ihn – Räuspern), since – sense ßänß (seit – Sinn) nur noch durch den Kontext auseinander halten.

Der trockene mittlere Westen, östlich von den Rocky Mountains, von der mexikanischen bis zur kanadischen Grenze, ist geprägt von der Goldgräberzeit, der Vertreibung der Indianer von ihrem eigenen Land, den geflüchteten religiösen Gruppen, der Nähe zu Mexiko und dem Erdöl. Der kulturelle Hintergrund dieser Siedler war sehr unterschiedlich, die Sprachen, die sie mitbrachten, noch mehr. Hier kommt der echte Cowboy her, der

Western wäßtern *West-*

Farmer, der mit breitem Akzent spricht, als habe er immer ein Kaugummi zwischen den Zähnen. Das amerikanische „r“ wird nirgends so sehr in die Länge gezogen wie hier. Die Westküste, das Tor zum Gold, jagte immer neuen Träumen nach – als Traumfabrik Hollywood und seit den 60er Jahren als Ursprung alternativer, gesellschaftskritischer Bewegungen im weißen Amerika: Hippies, Emanzipation, Gay-Pride. New York brachte hingegen eher die schwarzen gesellschaftskritischen Bewegungen hervor. Hier leben heute diejenigen, denen Neu England zu spießig geworden war und die ihr Glück in den Weinbergen, der Filmindustrie oder der Computerbranche suchen wollten. Das an der Küste gesprochene Amerikanisch ist nicht ganz so extrem wie das im Mittleren Westen.

Wenn Sie die extremeren Dialekte einmal so richtig heraushören möchten, ohne in die USA zu fahren, kann ich Ihnen folgende Filme im englischen Original empfehlen:

Steel Magnolias, von Herbert Ross, mit Julia Roberts, Olympia Dukakis, Dolly Parton, Shirley MacLaine, Sally Field and Daryl Hannah. Einer der besten Filme, um den zeitgenössischen Dialekt des Grand Old South kennzulernen.

Fargo, von Ethan & Joel Coen, mit Steve Buscemi und Frances McDormand. Ein unterhaltsames Beispiel für den nördlichen Western-Dialekt.

Aussprache & Betonung

Britisches Englisch ist schon kompliziert genug, leider ist das Amerikanische auch nicht einfacher. Daher sollten Sie sich die Ausspracheliste gründlich anschauen.

Damit es richtig Amerikanisch klingt, müssen Sie mehrere Worte in einem Satz als ein Wort sprechen und das Ganze am besten mit einem Kaugummi im Mund. Wenn Sie den Satz „I am going to see if he is going to the game; if he is, I am going to go with him." so aussprechen „eim ganne ßiej ifies goine ðe gäjm, iffiejis, eim ganne gow wiðimm." machen Sie es richtig! In der Lautschrift für Sätze sind daher oft mehrere Worte zusammengezogen. Wo die Laute auf keinen Fall zusammengezogen werden sollten, finden Sie einen trennenden Längsstrich: variation väri|äjschn.

Das amerikanische Alphabet

a	äj	**j**	dchäj	**s**	äß
b	bie	**k**	käj	**t**	tie
c	ßie	**l**	äl	**u**	juw
d	die	**m**	äm	**v**	wie
e	ie	**n**	än	**w**	dabljuw
f	äf	**o**	ow	**x**	äkß
g	dschie	**p**	pie	**y**	weij
h	äjtsch	**q**	kjuw	**z**	szie
i	eij	**r**	ar		

Mitlaute (Konsonanten)	
ß	stimmlos wie in „**G**las” **race** (Wettrennen), **sweet** (süß), **pretzel** (Brezel) bei st, sp, sch kein dt. „scht, schp, sch“!
ßt	**student** ßtuwdent (Student)
ßp	**sports** ßportß (Sport)
ßk	**school** (Schule)
s	stimmhaftes wie in „**S**aft“ **size** (Größe), **scissors** (Schere), **movies** (Kino), **example** (Beispiel)
sch	wie in „**Sch**uh“ **shine** (scheinen), **sure** (ok, ja) **machine** (Maschine), **ocean** (Ozean)
tsch	wie in „Ma**tsch**” **much** (viel), **match** (Spiel)
dsch	j immer; g vor e, i wie „**Dsch**ungel”. **German** (Deutsch), **jeans** (Jeans), **bridge** (Brücke), **adjective** (Adjektiv)
j	wie in „**J**ahr“. Ein „j“ wird manchmal vor einem u-Laut eingeschoben **year** (Jahr), **night** (Nacht), **few** fjuw (wenig), **use** juhs (gebrauchen), **fuel** fjuhl (Benzin), **sign** ßeijn (Schild)
k	c am Anfang; q wie in „**K**ultur“. **cash** (bar), **fuck** (Mist!), **chaos** (Chaos) **liquor** (Alkoholisches), **account** (Konto)
r	ein langes, breites Kaugummi-„r“ **car** (Auto), **first** (erste)
d	t wird oft „d“ gesprochen; nach r immer **forty** (vierzig)
ð	das berühmte *„tie-äjtsch“* **thanks** (danke)

*Meist wird das g wie im deutschen „**Glas**“ ausgesprochen.*

Das m, n und ng schön lang ziehen und durch die Nase sprechen!

Selbstlaute (Vokale)	
a	wie in „Vater" oder „kann" **father** (Vater), **country** (Land), **must** (müssen), **above** (über)
ä	wie in „Märchen", aber langziehen! **question** (Frage), **egg** (Ei), **friend** (Freund), **and** (und)
äj	wie in „Hey!", aber schön langziehen! **baseball** (Baseball), **May** (Mai) **steak** (Steak), **main** (Haupt-)
auw	wie in „Maus" **without** (ohne), **how** (wie)
e	kurz wie in „bitte" **about** (über), **butter** (Butter) **rental** (Vermietung)
ei(j)	wie in „**Ei**" **guide** (Führer), **height** (Höhe), **bye** (Tschüss), **aisle** (Gang), **buy** (kaufen), **lie** (Lüge),
i	kurz wie in „bitte" **foreign** (ausländisch), **women** (Frauen), **busy** (beschäftigt), **been** (war), **bit** (bisschen)
ie(j)	längeres „i" als in „Bier" **beer** (Bier), **be** (sein), **year** (Jahr), **receive** (bekommen), **twenty** (zwanzig), **people** (Menschen), **thief** (Dieb)
o	wie in „morgen"; oft vor -ll **ball** (Ball), **broad** (weit), **soft** (weich) **Australia** (Australien)
oi	wie in „Ahoi" **choice** (Wahl), **boy** (Junge), **lawyer** (Anwalt)

Ein ganz normales a, e, i, o *und* u *gibt es aber auch im Amerikanischen*

ow	wie in „Pankow", endet mit „w"-Laut **over** (über), **grow** (wachsen) **sew** (nähen), **though** (obwohl)
ö	meist vor „r" wie in „öffnen" **first** (erst), **earn** (verdienen) **burn** (brennen), **world** (Welt)
u	kurzes „u" wie in „Bus" **foot** (Fuß), **pull** (ziehen), **could** (könnte), **woman** (Frau)
uh (uw)	langes „u" wie in „Kuh", manchmal als „w" endend **too** (auch), **blue** (blau), **do** (tun), **you** (du), **crew** (Mannschaft)

Kauderwelsch-AusspracheTrainer

Falls Sie sich die wichtigsten amerikanischen Sätze, die in diesem Buch vorkommen, einmal von einem Amerikaner gesprochen anhören möchten, kann Ihnen Ihre Buchhandlung den ***AusspracheTrainer*** *zu diesem Buch besorgen. Sie bekommen ihn auch über unseren Internetshop* ***www.reise-know-how.de*** *Alle Sätze, die Sie auf dem* ***Kauderwelsch-AusspracheTrainer*** *hören können, sind in diesem Buch mit einem 👂 gekennzeichnet.*

Es wurden nur die Laute vorgestellt, die anders als bei uns ausgesprochen werden. Ein „e" am Wortende wird übrigens fast nie gesprochen, culture kaltscher (Kultur), date däjt (Datum). Die Endung -tion, -sion, -chion wird immer zu schen, z.B. in nation näjschen (Nation). Wer jetzt nicht mehr durchblickt, dem sei verziehen. Es ist wirklich ein verflixtes Durcheinander, wann man im Amerikanischen welchen Buchstaben wie ausspricht. Ein und dasselbe Wort kann mehrere Aussprachen haben. Wenn man den Amerikanern eine Weile zuhört, ist es aber gar nicht mehr so schwer!

Wörter, die weiterhelfen

Die absoluten Grundbegriffe sind natürlich „ja“ und „nein“. Diese zwei kleinen Wörtchen spricht jeder überall ein wenig anders aus: yes/yeah = jäß, jäe, ja, japp und no = now, nowp, naa. Wer präziser werden möchte, sagt:

(for) sure	(for) schur	Sicher!
you bet	juw bäd	Na klar!
great	gräjt	Super!
awesome	owßamm	Klasse!
ok	owkäj	Okay.
no way	now wäj	Auf keinen Fall!
forget it	forgädid	Vergiss es!
really	rieliej	Wirklich?
maybe	mäjbiej	Vielleicht.
whatever	wodäver	Wie auch immer.
let me see	lämie ßie	Mal schauen!
hold on	howldonn	Moment!

no way *bedeutet auch ein ungläubiges „Wirklich?“*

Immer wenn Sie jemanden unvermittelt ansprechen wollen, sollten Sie mit „Entschuldigung“ anfangen: Excuse me, ... ikßkjuwsmiej.

Excuse me, could you help me, please?
ikßkjuwsmiej kudje hälbmie plies
entschuldige mich könnte du helfen mir bitte
Entschuldigung, können Sie mir bitte helfen?

„Bitte“ verwendet man im Amerikanischen viel häufiger als bei uns, aber please plies kann man nur sagen, wenn es sich um eine Bitte handelt. Je nachdem verwendet man sonst:

you're welcome *ist die Antwort auf „Danke".*

You're welcome.
jer wällkamm
du'bist willkommen
Bitte, gern geschehen.

here you are *sagt die Kellnerin oder Verkäuferin, wenn sie das Gefragte bringt.*

Here you are.
hier jaar
hier du bist
Hier, bitte. (Etwas Bestelltes oder Erbetenes)

Huh? What did you say?
he? wad didje ßäj
hä? was tatest du sagen
Wie bitte?

Und bedanken kann man sich mit ein paar Varianten von „Danke":

Thank you. / Thanks. / Thanx.
ðängkju / ðängkß / ðängkß
danke dir/ danke / danke
Danke.

Thanks a lot. / Thank you very much.
ðängßelad / ðängkju väriej matsch
danke ein Menge. danke dir sehr viel
Vielen Dank.

Hier die wichtigsten Sätze auf einen Blick, die Sie gleich bei Ankunft brauchen können:

I'm looking for ...
eim lukin for
ich'bin schauend für
Ich suche ...

Excuse me, where's ...?
ikßkjuwsmiej wärs
entschuldige mich wo ist
Wo ist ..., bitte?

Einfach den gewünschten Artikel voranstellen:
the ðe *der/die/das*
a e *ein(e,r)*
this ðiß *dies*
that ðäd *jenes*

restroom	räßtruwm	Toilette
address	ädreß	Adresse
hotel	howtäll	Hotel
diner	deiner	Restaurant
bank	bängk	Bank
hospital	hoßpidel	Krankenhaus
police	palies	Polizei
gas station	gäß ßtäjschen	Tankstelle
cab	käb	Taxi
train station	träjn ßtäschen	Bahnhof
bus terminal	baß törminell	Busbahnhof
subway	ßabbwäj	U-Bahn

I need ...
eij nied
ich brauche
Ich bräuchte ...

Do you have ...
dje häv
tust du haben
Haben Sie ...?

some water	ßamm woder	etwas Wasser
coffee	koffiej	Kaffee
tea	tiej	Tee
sandwiches	ßännwidsches	belegte Brote
cigarettes	ßiggerätß	Zigaretten
lighter	leider	Feuerzeug
tissue	tischuw	Taschentuch
help	hällp	Hilfe

Hauptwort, Artikel & Fürwörter

Am wichtigsten ist, dass Sie sich den Gebrauch des bestimmten Artikels weitgehend verkneifen, denn den verwendet man eher nur bei festen Wendungen: the USA, the Pacific, the Rockies.

Hauptwörter (Substantive) haben im Amerikanischen kein Geschlecht und alle haben denselben bestimmten Artikel the ðe und unbestimmten Artikel a e bzw. an en; das -n wird nur angehängt, wenn das darauf folgende Hauptwort mit einem Selbstlaut beginnt.

Ebenso einfach ist es mit den hinweisenden Fürwörtern (Demonstrativpronomen). Will man deutlich machen, dass es sich um dieses oder jenes handelt, nimmt man this und that, in der Mehrzahl these und those.

this place, that hotel, these boys, those cars
ðiß pläjß, ðädowtäll, ðies bois, ðows kars
dieser Ort, jenes Hotel, diese Jungs, jene Autos

Auch die Mehrzahlbildung (Plural) ist keine Schwierigkeit, man hängt einfach ein -s an das Hauptwort, bzw. -es, wenn das Hauptwort auf -s, -sh, -ch, -x oder -z endet. Auf -f oder -fe endende Wörter verändern sich oft zu -ves.

Gebiet	**an/the area** en/ðie ärieja	**areas** äriejas
Bus	**a/the bus** e/ðe baß	**buses** baßeß
Gericht	**a/the dish** e/ðe disch	**dishes** discheß
Messer	**a/the knife** e/ðe neif	**knives** neivs

Bei einem Mitlaut + -y wird aus dem -y ein -ies.
Aber nicht, wenn ein Selbstlaut davor steht!

Dame	**a/the lady** e/ðe läjdiej	**ladies** läjdies

Es gibt nur wenige Ausnahmen, wie Hauptwörter, ...

..., die gar keine Mehrzahlform haben.

..., deren Mehr- und Einzahl identisch sind: fish fisch (Fisch/e); deer dier (Reh/e)

..., die keine Einzahl-, sondern nur eine Mehrzahlform haben: glasses gläßeß (Brille); pants päntß (Hose)

..., und solche, die einfach unregelmäßig sind:

Ausnahmen bei der Mehrzahlbildung sind in der Wortliste am Ende des Buches entsprechend gekennzeichnet.

Frau	**a/the woman** e/ðe wummen	**women** wimmen
Fuß	**a/the foot** e/ðe fut	**feet** fiet
Kind	**a/the child** e/ðe tscheild	**children** tschilldren
Person	**a/the person** e/ðe pörsen	**people** piepl

Für den besitzanzeigenden Artikel „der/des“ hängt man im Amerikanischen ein 's an den „Besitzer“. Wenn der „Besitzer“ auf ein -s, -z oder -ce endet, oft nur ein Apostroph.

the club's entrance	ðe klabbs intrenß	*der Eingang des Klubs*
children's books	tschilldrens bukß	*Kinderbücher*
Chris' house	krіß hauwß	*Chris (sein) Haus*

persönliche & besitzanzeigende Fürwörter

	Wer?	Wessen?	Wem/Wen?	Reflexiv
ich, mein(s), mir/mich, mich	**I**	**my (mine)**	**me**	**myself**
	ei	meij (meijn)	miej	meijßälff
du, dein(s), dir/dich, dich	**you**	**your(-s)**	**you**	**yourself**
	juh	jer(s)	juh	jerßälff
er, sein(s), ihm/ihn, sich	**he**	**his**	**him**	**himself**
	hie	his	himm	himmßälff
sie, ihr(s), ihr/ihr, sich	**she**	**her(-s)**	**her**	**herself**
	schie	hör(s)	hör	hörßälff
es, sein, sein/sein, sich	**it**	**its**	**it**	**itself**
	it	itß	it	itßälff
wir, unser(s), unser/unser, uns	**we**	**our(-s)**	**us**	**ourselves**
	wie	auwer(s)	aß	auwerßälvs
ihr, euer, euch/euer, euch	**you**	**your(-s)**	**you**	**yourselves**
	juh	jer(s)	juh	jerßälvs
sie, ihr, ihnen/ihnen, ihnen	**they**	**their(-s)**	**them**	**themselves**
	ðäj	ðär(s)	ðämm	ðämmßälvs

He's bought a gift for her and himself.
hies bowde gifft forer änn himmßälff
er'hat gekauft ein Geschenk für sie und sich-selbst
Er hat sich und ihr ein Geschenk gekauft.

Groß oder klein schreiben? Der Satzanfang, Überschriften, Eigennamen, Wochentage, Feiertage, Monate und das persönliche Fürwort (Personalpronomen) I ei (ich) werden immer groß geschrieben. Sonst wird alles klein geschrieben.

Im Amerikanischen siezt man eigentlich nicht, dennoch entspricht you auch dem deutschen „Sie"/„Ihr", aber auch: „man"!

When hiking you should be careful.
wänn heikin je schedbie kärfoll
wenn wandernd du solltest sein vorsichtig
Man/du/Sie sollte/-st/-n vorsichtig sein beim Wandern.

Eigenschafts- & Umstandswörter

Kombinieren Sie einfach ein Eigenschaftswort (Adjektiv) oder Fürwort (Pronomen) mit dem einfachsten Tätigkeitswort (Verb) to be „sein". Schon haben Sie einen Satz:

Das Eigenschaftswort wird nicht gebeugt, sondern bleibt immer gleich!

This is mine.
ðißiß mein
das ist meins
Das gehört mir.

The bag is empty.
ðe bägisämmtiej
die Tasche ist leer
Die Tasche ist leer.

Steigern

Wichtige Eigenschaftswörter finden Sie in den passenden Konversationskapiteln oder natürlich in der Wortliste. So können Sie Eigenschaftswörter steigern:

small ßmol	**smaller** ßmoler	**smallest** ßmoleßt	*klein, kleiner, kleinste*
big bigg	**bigger** bigger	**biggest** biggeßt	*groß, größer, größte*
expensive ikßpennßiv	**more expensive** morikßpännßiv	**most expensive** mowßt ikßpännßiv	*teuer, teurer, teuerste*

Alle regelmäßigen Eigenschaftswörter, die aus weniger als drei Silben bestehen, steigert man, indem man -er bzw. -est anhängt. Besteht es aus drei oder mehr Silben, steigert man durch voranstellen von more mor und most mowßt:

It's the best and our most expensive room.
itß ðe bäßt ännauwer mowßt ikßpännsiv ruhm
es'ist das beste und unser meist teuer Zimmer
Es ist unser bestes und teuerstes Zimmer.

Einige wichtige Ausnahmen:

viel		gut	
a lot/many	elett/männi	**good**	gudd
more	mor	**better**	bädder
most	mowßt	**best**	bäßt

weit		schlecht		wenig	
far	fahr	**bad**	bäd	**little**	liddl
further	förðer	**worse**	wörß	**less**	läß
furthest	förðeßt	**worst**	wörßt	**least**	ließt

Vergleich

just as
dschaßtäs
genauso wie

Will man Dinge vergleichen, sollte man sich die Wörtchen „als" than ðän und „wie" as äs einprägen:

as ... as
äs ... äs
so ... wie

Their room is different than ours.
ðär ruhmßdiffrent ðännauwers
ihr Zimmer ist verschieden als unseres
Ihr Zimmer ist anders als unseres.

This is just as tiny as I thought.
ðißiß dschaßtäs teijniej äsei ðowt
dies ist genau so winzig so ich dachte
Das ist genauso winzig, wie ich es mir vorgestellt habe.

There're just as many people as yesterday.
ðärr dschaßtäs männie piepl äs jäßterdäj
da sind genau so viele Leute so gestern
Es sind genauso viele Leute da wie gestern.

Intensität

Wie man im Deutschen, kann man die Intensität von Farben durch Voranstellen von „hell" light leit oder „dunkel" dark dark genauer beschreiben. Und wenn man sich nicht sicher ist, welcher Farbton es genau ist, hängt man -ish isch an.

green	**greenish**	**light green**	**dark green**
grien	grienisch	leitgrien	darkgrien
grün	grünlich	hellgrün	dunkelgrün

In der Umgangssprache hängt man -ish isch *auch an andere Eigenschaftswörter, um etwas Ungefähres zum Ausdruck zu bringen, z.B. von* seven:
sevenish
ßävenisch
um sieben herum

Umstandswörter

Umstandswörter (Adverbien) sind oft einfach zu erkennen an ihrer Endung -ly (rarely rärliej *selten*). Der Wortstamm ist immer ein Eigenschafts- oder Hauptwort, und man stellt sie vor das näher zu beschreibende Wort:

probably probbebliej
möglicherweise

recently rießentliej
neulich

Unregelmäßig:
good gudd *gut*
= well wäll.

Feststehend:
always ollwäjs *immer*
never nävver *nie*
sometimes ßammteims *manchmal*
often owffn *oft*
also ollsow *auch*
only ownliej *nur*
again egänn *nochmal*
just dschaßt *nur*
so sow *so*

I mostly don't get homesick.
ei mowßtliej downged howmßik
ich meistens mache-n'icht bekommen Heimweh
Ich bekomme meistens kein Heimweh.

I feel extremely tired.
eifiel ikßtriemliej teird
ich fühle extrem müde
Ich bin ziemlich müde.

Long-distance flights are often delayed.
long dißtenß fleijtß arowffn dieläjd
lang-Strecke Flüge sind oft verspätet
Langstreckenflüge haben häufig Verspätung.

Do you always eat out?
dje ollwäjs iedauwt
machst du immer essen aus
Isst du immer außer Haus?

I'd like to go to that bar again.
eidleikte gowte ðäd bar egänn
ich'würde mögen zu gehen zu jene Bar nochmal
Ich würde gerne nochmal in jene Bar gehen.

I just want to have a look.
ei dschaßt wonne häve lukk
ich nur möchte zu haben einen Blick
Ich will mich nur mal umsehen.

We only have a vacant suite.
wie ownliej häve väjkent ßwiet
wir nur haben ein frei Luxuszimmer
Wir haben nur noch eine Suite frei.

Sein, Haben & Tun

An den drei Hilfswörtchen „sein“ = to be, „haben“ = to have und „tun“ = to do führt kein Weg vorbei. Man braucht sie, um einfachste Sätze zu bilden, Tätigkeitswörter zu verneinen, sowie zur Bildung von Vergangenheit, Verlaufsform und vollendeter Gegenwart! Sie sind unregelmäßig, also auswendig lernen!

sein

I'm	eim	ich bin
you're	jer	du bist
he's/that's	hies/ðädß	er/das ist
we're	wier	wir sind
you're	jer	ihr seid
they're	ðäjr	sie sind

Die Langformen:
I am
you are
he/that is
we are
you are
they are

They're open.
ðäjr owpen
sie'sind offen
Sie haben geöffnet.

That's great!
ðädß gräjt
das'ist toll
Super!

Die verneinten Formen bildet man mit not (nicht) oder abgekürzt zu -n't:

I ain't	eijäjnt	**I'm not**	eim not
you aren't	ju | arnd	**you're not**	jer not
he isn't	hie | isnd	**he's not**	hies not

There ain't no bus today.
ðär äjnt now baß tedäj
dort ist-n'icht nein Bus heute
Heute kommt kein Bus.

Entsprechend kann man das auch auf we, they, these, those & she, it, that, this anwenden, aber bei these, those, this verwendet man nur die -n't -Form, die ohnehin am meisten verwendet wird. Die Form ain't wird in der Umgangssprache, besonders der der Afro-Amerikaner, für alle Personen verwendet.

haben

Langform:

Langform			
I have	**I've**	eiv	ich habe
you have	**you've**	juhv	du hast
he has	**he's**	hies	er hat
we have	**we've**	wiev	wir haben
you have	**you've**	juhv	ihr habt
they have	**they've**	ðäjv	sie haben

Die verneinten Formen bildet man mit not (nicht) oder abgekürzt zu -n't: have = haven't, has = hasn't. Auch hier bevorzugt man die Kurzform mit -n't.

tun

Wohl die interessanteste der drei Formen, weil wir diese im Deutschen nicht haben.

verneinte Form:

verneinte Form			
I don't	**I do**	ei duh	ich tue
you don't	**you do**	juh duh	du tust
he doesn't	**he does**	hie das	er tut
we don't	**we do**	wie duh	wir tun
you don't	**you do**	juh duh	ihr tut
they don't	**they do**	ðäj duh	sie tun

Mit der verneinten Form von do kann man jedes Tätigkeitswort verneinen. Die verneinten Formen bildet man mit not (nicht) oder abgekürzt zu -n't.

I don't like this!
ei downt leik ðiß
ich tun-n'icht mögen dies
Das finde ich nicht schön!

I don't know where that hotel is.
ei denow wär ðäd howtällis
ich tun-n'icht wissen wo jenes Hotel ist
Ich weiß nicht, wo das Hotel ist.

Man braucht dieses Hilfswort aber auch zum Formulieren einer Frage, wenn man kein Fragewort (wer, was,...) verwendet.

Do you sell any quilts?
dje ßäll ännie kwiltß
tust du verkaufen irgendwelche Steppdecken
Verkaufen Sie auch Steppdecken?

In Aussagesätzen verwendet man do gerne, wenn die Aussage des darauf folgenden Tätigkeitswortes unterstrichen werden soll:

They do have many national parks in the US.
ðäj duh häv männie näschnel parkß inðe juh | äß
sie tun haben viele National Parks in den USA
Sie haben viele Nationalparks in den USA.

Tätigkeitswörter & Zeiten

Zum Glück ist die Beugung der Tätigkeitswörter (Verben) im Amerikanischen sehr übersichtlich. Wie man sie verneint und bestimmte Zeiten bildet, unterscheidet sich jedoch stark vom Deutschen – daher aufgepasst!

Gegenwart

Die Regeln für die Bildung der 3. Person sind genau wie bei der Mehrzahlbildung von Hauptwörtern!

Fast alle Personen haben immer die gleiche Form – die Grundform! Nur bei der *er-sie-es*-Form hängt man ein -s an. Endet die Grundform jedoch auf -ss, -ch, -sh oder einen Selbstlaut, wird -es angehängt. Endet ein Tätigkeitswort auf einen Mitlaut+-y, verändert sich die Endung zu einem -ies.

I buy, you pass, we wish, you fly, they go
eijbei, juh päß, wie wisch, juh fleij, ðäj gow
ich kaufe, du reichst, wir wünschen,
ihr fliegt, sie gehen

he/she/it buys, passes, wishes, flies, goes
hie/schie/it beijs, päßeß, wisches, fleijs, gows
er/sie/es kauft, reicht, wünscht, fliegt, geht

The store usually opens at 9 am.
ðe ßtowr juscheliej owpens ätt nein äj | äm
der Laden normalerweise öffnet um 9 Vormittag
Der Laden macht normal um 9 Uhr auf.

She lives in New York.
schlivs in nujork
sie lebt in New York
Sie wohnt in New York.

Zur Verneinung stellt man die entsprechende verneinte Form des Hilfswortes do vor das Tätigkeitswort (in seiner Grundform!):

They don't stay in this hotel.
ðäj downßtäj in ðiß howtäll
sie tun-n'icht bleiben in dies Hotel
Sie wohnen nicht in diesem Hotel.

The TV doesn't work.
ðe tie | viej dasnd wörk
der Fernseher tut-n'icht arbeiten
Der Fernseher funktioniert nicht.

Verlaufsform

Diese Form verwenden wir nicht, aber Amerikaner verwenden sie, wann immer sie mitten in einer Handlung stecken, die noch ein wenig andauern wird, sich also im Verlauf befindet. Man bildet sie mit der gebeugten Form von be + Tätigkeitswort + Endung -ing. Falls das Tätigkeitswort auf -e endet, wird das e gestrichen.

Die wichtigsten Verlaufsformen:

to be = being
to have = having
to do = doing

While I was traveling in the US, ...
weilei wos trävlin inðe ju | äß
während ich war reisend in den USA
Während ich in den USA reiste, ...

Das Wörtchen while *verlangt immer nach der Verlaufsform.*

She's studying for her final exam.
schies ßtaddiejin forör feinel iksäm
sie'ist studierend für ihre End Klausur
Sie lernt gerade für ihre Abschlussprüfung.

Zur Verstärkung verwendet man oft zusätzlich Zeitworte, wie at the moment, now, today, tomorrow, last week, last month, tonight,...

Im Deutschen würde man das Wörtchen „gerade" einfügen, um dasselbe zum Ausdruck zu bringen. Man drückt mit der Verlaufsform im Amerikanischen auch Pläne in der nahen Zukunft (morgen, heute Abend) aus:

We're having leftovers this evening.
wier hävin läfftowvers ðißiewnin
wir'sind habend Reste diesen Abend
Wir werden heute Abend Reste essen.

Da man die Verlaufsform mit be bildet, verwendet man zur Verneinung die verneinte Form mit not (nicht) oder -n't:

She's not having a party for her birthday.
schiesnad hävine pardie forör börðdäj
sie'ist nicht habend eine Party für ihren Geburtstag
Sie macht keine Fete an ihrem Geburtstag.

Zukunft

Wenn es nicht so sehr um den Verlauf geht, sondern vielmehr um eine Prognose, einen Plan, sollte man die Zukunft mit dem Hilfswort „werden" will will bilden. Auch wenn man im Deutschen meist nicht „werden" verwendet, im Amerikanischen ist es ein Muss! will und seine verneinte Form won't wownt sind immer unverändert und gelten für alle Personen.

Kurzformen:
I'll, you'll, he'll, she'll, it'll, we'll, you'll, they'll

I'll fly to LA tomorrow.
eil fleijte äl | äj temarow
ich-werde fliegen nach Los-Angeles morgen
Ich fliege morgen nach Los Angeles.

I won't buy that T-shirt.
ei wownt beij ðäd tie | schörd
ich werde-n'icht kaufen jenes T-shirt
Ich werde das T-Shirt nicht kaufen.

Kurzformen:
I'd, you'd, he'd, she'd, we'd, you'd, they'd

Ist alles noch nicht definitiv geplant, sondern an eine Bedingung geknüpft, verwendet man would wudd oder die verneinte Form wouldn't wuddnt:

I'd buy this one, if I were you.
eid beij ðißwuann ifeiwör juh
ich-würde kaufen dies eins, wenn ich wäre du
Ich würde dieses kaufen, wenn ich du wäre.

Vergangenheit & vollendete Gegenwart

Die einfache Vergangenheit und die vollendete Gegenwart gibt es auch im Deutschen: „ich flog" und „ich bin geflogen", und sie werden ebenso wie im Deutschen eingesetzt. Im Amerikanischen ist ihre Bildung nur viel einfacher: In der einfachen Vergangenheit sind alle Formen gleich!

Vergangenheitssätze werden meist ergänzt durch Zeitworte wie:
last year, yesterday, three months ago

I, you, he/she/it, we, you, they waited
ei, juh, hie/schie/it, wie, juh, ðäj wäjded
ich wartete, du wartetest, er/sie/es warteten, wir warteten, ihr wartetet, sie warteten

Die einfache Vergangenheit bildet man durch ein einfaches Anhängen von -ed an die Grundform. Endet die Grundform jedoch auf einen Mitlaut + - y, wird aus dem -y ein -ied; endet sie auf einen Selbstlaut + - y, wird aus dem -y ein -id. An Grundformen, die auf -e enden, wird nur ein -d angehängt. Leicht zu merken sind die drei wichtigen Hilfsworte be, have & do:

Unregelmäßige Vergangenheitsformen sind in der Wortliste am Ende des Buches immer mit angegeben.

I was	ei wos	ich war
you were	juh wör	du warst
he was	hie wos	er war
we were	wie wör	wir waren
you were	juh wör	ihr wart
they were	ðäj wör	sie waren

Die verneinten Formen sind entsprechend wasn't und weren't. Für have gilt immer had oder verneint hadn't. Für do gilt immer did oder verneint didn't.

vollendete Gegenwart

Einfacherweise bildet man die vollendete Gegenwart ausschließlich mit have und der Partizipform des entsprechenden Tätigkeitswortes. Ist das Tätigkeitswort regelmäßig, stimmt es mit der einfachen Vergangenheit überein, z.B. opened, closed. Amerikaner bevorzugen im Gegensatz zu den Briten jedoch meist die „normale" Vergangenheitsform.

Die Partizip-Formen der drei Hilfsworte lauten:
to be = been
to have = had
to do = done

I've been both to the East and West Coast.
eiv binn bowð tuðe ießtn wäßt kowßt
ich'habe gewesen beide zu der Ost und West Küste
Ich war schon an der Ost- und Westküste.

I've seen this movie already.
eivßien ðiß muvie elräddie
ich'habe gesehen diesen Film schon
Ich habe den Film schon gesehen.

Möchten, Können, Sollen

Der richtige Umgang mit Hilfsworten ist nicht schwer. Es gibt zwei Kategorien:

Die unselbständigen können nur in der Gegenwart (can, may, must) und der Vergangenheit (could, might, should) verwendet werden, keine anderen Zeiten sind möglich, auch keine Verlaufsform. Verneint werden sie mit not oder der Endung -n't: can't/couldn't, may not/might not, mustn't/shouldn't. Sie müssen immer durch ein anderes Tätigkeitswort in der Grundform ergänzt werden. Sie werden nicht gebeugt, sondern sind für alle Personen gleich.

Diese Formen sind weniger gebräuchlich: cannot, could not, must not, should not, mightn't

Die selbständigen werden gebeugt, indem an die *er-sie-es*-Form ein -s angehängt wird.

Ihnen kann ein Tätigkeitswort nur nach einem einleitendem to folgen. Sie werden mit der verneinten Formen von do verneint.

möchten, mögen, wünschen

want to = *möchten*

He wants to go to Seattle.
hie wantßte gowte ßie | äddl
er möchte zu gehen zu Seattle
Er möchte nach Seattle gehen.

like to = *mögen*

She likes to surf.
schie leikßte ßörf
sie mag zu surfen
Sie surft gern.

He'd like to stay.
hied leikte ßtäj
er würde mögen zu bleiben
Er würde gerne bleiben.

wish to = *wünschen*

I wish to go home.
ei wisch tegow howm
ich wünsche zu gehen Zuhause
Ich möchte nach Hause.

müssen, sollen

must = *müssen*
(should: *Vergangenheit)*

He must be tired.
hie maßbie teijerd
er muss sein müde
Er muss müde sein.

He should come.
hie schudd kamm
er sollte kommen
Er sollte kommen.

need to = *sollen*
ought to = *sollen*

He needs to pay.
hie niedste päj
er soll zu zahlen
Er muss zahlen.

She ought to wake up.
schie owde wäjkap
sie soll zu wachen auf
Sie sollte aufwachen.

Shall we dance?
schällwie dänß
sollen wir tanzen
Sollen wir tanzen?

She has to leave.
schie häßte liev
sie hat zu weggehen
Sie muss gehen.

shall = *sollen*

I've got to go shopping.
eiv gadde gow schoppin
ich'habe bekommen zu gehen einkaufend
Ich muss (jetzt) einkaufen gehen.

have (got) to = *müssen (einen Drang spüren)*

Die zusätzliche Verwendung von got macht das Anliegen dringlicher, drückt einen starken Wunsch oder Zwang aus.

können

He can't sing.
hie kännt ßing
er kan-n'nicht singen
Er kann nicht singen.

She's able to drive.
schiesäjblte dreiv
sie'ist fähig zu fahren
Sie kann fahren.

can = *können* (could:*Vergangenheit)*

be able to = *können (fähig sein)*

Wenn Sie able verneinen wollen, können Sie not able oder in diesem Fall isn't able sagen. Welche Möglichkeiten Sie sonst noch haben, zeigt Ihnen das nächste Kapitel.

dürfen

He may drink.
hie mäj drenk
er darf trinken
Er darf trinken.

She's allowed to speak.
schieselauwte ßpiek
sie'ist erlaubt zu sprechen
Sie darf reden.

may = *dürfen* (might = *Vergangenheit)*
be allowed to = *dürfen (Erlaubnis haben)*

Verneinung

Es gibt im Amerikanischen vier Worte zur Verneinung. Eines haben Sie bereits kennengelernt:

not natt **nicht**

Es wird zur Verneinung von allen Tätigkeitswörtern und Hilfsworten verwendet. Die gekürzte Variante -n't kann nur an Hilfsworte angehängt werden: do, have, be, must, should, can, could, may, might, will, would.

no now **nein, verboten, kein**

So sagt man einfach „nein". Aber so bringt man auch Verbote zu Ausdruck, dass etwas nicht vorhanden ist oder nicht akzeptiert wird. no kann vor Tätigkeitswörtern in der Verlaufsform oder vor Hauptwörtern stehen.

no smoking
now ßmowkin
kein rauchend
Rauchen verboten!

no trespassing
now träßpäßin
kein überquerend
Überqueren verboten!

no vacancy
now väjkensie
kein freies-Zimmer
Belegt!

no one
now wuann
kein ein
keiner

nowhere
nowär
nicht-wo
nirgendwo

non- nann Nicht-

Die Vorsilbe non- findet man in festen Verbindungen, vor einem Hauptwort:

non-smoker	**non-descript**
nann ßmowker	nann-diskrip
nicht-Raucher	*nicht-beschreibbar*
Nichtraucher	undefinierbar

un- ann un-

Es macht Dinge rückgängig und drückt das Gegenteil aus, genau wie das deutsche „un-“ :

unfriendly	annfrännlie	unfreundlich	
unhealthy	annhälðie	ungesund	
unable	annäjbl	unfähig	
undress	anndräß	ausziehen	*wörtl.: un-anziehen*
undo	annduw	öffnen	*wörtl.: un-machen*

n- (in feststehenden Wendungen)

Das not ist im Laufe der Zeit mit dem zu negierenden Teil verschmolzen:

never	näver	nie
never ever	näveräver	niemals
neither ... nor	nieðer ... nor	weder ... noch
nothing	naðin	nichts
none	nann	keins

ever äver *jemals*
either ... or ieðer ... or *entweder ... oder*
thing ðing *Ding*

Satzstellung & Bindeworte

Jetzt haben Sie schon das Gröbste der Grammatik hinter sich, und ich kann Ihnen verraten, wie Sie all diese Teile im Amerikanischen in die richtige Reihenfolge bringen.

wer?	*Hilfswort + Aktion*	*was?/wo?/wann?*
Many tourists	**like to come**	**to New York in spring.**
männi turißtß	leikte kamm	te nujork in ßpring
viele Touristen	*mögen zu kommen*	*nach New York im Frühling*
Viele Touristen kommen gerne im Frühling nach New York .		

Fragewort?	*Hilfswort*	*wer?*	*Aktion*	*was?/wo?/wann?*
Where	**did**	**you**	**buy**	**that surfboard?**
wär	did	je	beij	ðäd ßörfbowrd
wo	*tatest*	*du*	*kaufen*	*jenes Surfbrett*
Wo hast du das Surfbrett gekauft?				

Wenn Sie sich an diese strenge Struktur halten, kommen Sie schon zurecht. Egal, was Sie dem Aussagesatz noch an Zeit- oder Ortsbestimmungen hinzufügen, das tun Sie immer nur am Anfang oder Ende. Die Einheit *wer-macht-was* bleibt immer als Kern bestehen! Beim Fragesatz müssen natürlich nicht immer alle Komponenten vorhanden sein, aber dennoch immer in dieser Reihenfolge!

Im Deutschen bauen wir Sätze ja schon mal gerne um - vermeiden Sie das in Ihren amerikanischen Satz!

Ich habe Ihnen jetzt schon viele Wortarten vorgestellt, mit denen Sie kurze Sätze bilden können. Für einen langen Satz oder Nebensatz brauchen Sie:

Im Gegensatz zu deutschen Bandwurmsätzen sind Sätze im Amerikanischen eher kürzer.

with/without	wið/wiðaud	mit/ohne
and/or	änn/owr	und/oder
but/because	batt/biekows	aber/weil
if ... then	iff ... ðänn	wenn ... dann
that	ðäd	dass
(in order) to	(in owrdr) tuw	(um) zu
therefore	ðärfor	daher
because of/ due to	biekosef/ dute	wegen
instead	inßtädd	anstatt
during/while	durin/weil	während
when/as	wänn/äs	als
as soon as	äßuhnäs	sobald

Pleased to meet you.
pliestemietje
erfreut zu treffen dich
Es freut mich, Sie kennenzulernen.

If you don't have a king size, I'll take queen size then.
iffje downt häve king ßeis eiltäjk kwien ßeis ðänn
wenn du tust-n'icht haben ein König Größe, ich'werde nehmen Königin Größe dann
Wenn Sie kein großes Doppelbett mehr haben, nehme ich eben das mittelgroße.

Fragen & Aufforderungen

Die Satzstruktur kennen Sie bereits, hier sind jetzt alle Fragewörter:

who	hu	wer, wen
whose	hus	wessen
to whom	tehuwm	wem
which	witsch	welcher
what	wad	was
what for	wad for	wozu
what kind of	wad keindeff	welche Art
with what	wið wad	womit
where	wär	wo, wohin
where ... from	wär ... framm	woher
why	weij	warum, wieso
when	wänn	wann
how	hauw	wie
how much	hauw matsch	wie viel
how many	hauw männi	wie viele
how long	hauw lowng	wie lange

Wenn man eine Frage ohne Fragewort bilden möchte *(z.B. hast du das gemacht?)*, macht man das ähnlich wie im Deutschen. Aber auch hier müssen Sie sich sklavisch an die amerikanische Satzstruktur halten.

Do you speak German?
dje ßpiek dschörmen
tust du sprechen Deutsch
Sprechen Sie/sprichst du Deutsch?

Sie erinnern sich? Man braucht do zur Verneinung aller Tätigkeitswörter, und man braucht es zur Verneinung aller Fragen ohne Fragewort. Die einzige Ausnahme sind Fragesätze, in denen ein anderes Hilfswort (be, have, must, should, can, could, may, might, will, would) verwendet wird.

Have you been to the Grand Canyon?
hävjebin tuðe gränn kännjen
hast du gewesen zu dem Grand Canyon
Warst du schon mal beim Grand Canyon?

Could you pass me the ketchup, please?
kudje päßmie ðe kätschapp plies
könntest du reichen mir den Ketschup bitte
Kannst du mir bitte den Ketchup reichen?

Aufforderungen

Einfacher geht's nicht. Man verwendet einfach das Tätigkeitswort in der Grundform:

Come on!
kammon
komm auf
Komm schon!

Please follow me!
plies folowmie
bitte folgen mir
Bitte folgen Sie mir!

Let us go home!
läddeß gow howm
lass uns gehen Zuhause
Lass uns nach Hause gehen!

Zahlen & Zeit

Sie stehen auf jeder Seite, damit Sie sie spielend erlernen. Hier nur noch mal kurz im Überblick. Die Zahlen von null bis zwölf prägen Sie sich am besten einfach ein, dann haben Sie das Rüstzeug für alle Zahlen bis 99 schon bei der Hand.

Null wird auch 0 = ow *gesprochen*

0	**zero**	sierow	10	**ten**	tänn
1	**one**	wuann	11	**eleven**	ieläwn
2	**two**	tuw	12	**twelve**	twälv
3	**three**	ðriej	13	**thirteen**	ðördien
4	**four**	for	14	**fourteen**	fordien
5	**five**	feiv	15	**fifteen**	fifftien
6	**six**	ßikß	16	**sixteen**	ßikßtien
7	**seven**	ßäwn	17	**seventeen**	ßäwentien
8	**eight**	äjt	18	**eighteen**	äjtien
9	**nine**	nein	19	**nineteen**	neintien

21 twenty-one twännie wuann, *22* twenty-two twännie tuw, *23* twenty-thhree twännie ðriej, *etc.*

20	**twenty**	twänniej	60	**sixty**	ßikßtiej
30	**thirty**	ðördiej	70	**seventy**	ßäwentiej
40	**forty**	fordiej	80	**eighty**	äjtiej
50	**fifty**	fifftiej	90	**ninety**	neintiej

100	**(a/one) hundred**	(e/wuann) handrid
200	**two hundred**	tuw handrid
1000	**(a/one) thousand**	(e/wuann) ðauwsend
2000	**two thousand**	tuw ðausend
Million	**(a/one) million**	(e/wuann) milljen
Milliarde	**(a/one) billion**	(e/wuann) billjen

Stockwerke und Plazierungen

1st	**first**	förßt	**6th**	**sixth**	ßikßð
2nd	**second**	ßäkend	**7th**	**seventh**	ßäwenð
3rd	**third**	ðörd	**8th**	**eighth**	äjtð
4th	**forth**	forð	**9th**	**ninth**	neinð
5th	**fifth**	fiffð	**10th**	**tenth**	tännð

11th	**eleventh**	ieläwnð
12th	**twelfth**	twälfð
20th	**twentieth**	twänniejeð
21th	**twenty first**	twännie förßt

In den USA zählt man Stockwerke nicht so wie in Deutschland. Das Erdgeschoss ist der first floor förßflor, danach geht's höher hinauf mit second floor ßäkend flor, etc.

Häufigkeit

Die kann man ganz einfach mit der Zahl und time(s) teim(s) bilden. Für ein und zwei Mal gibt es jedoch eine zweite Form.

this/next/last time
ðiß/näkß/läßt teim
diesmal, nächstes Mal, letztes Mal

one time/once	wuann teim/wuannß	ein Mal
two times/twice	tuw teims/tweiß	zwei Mal

Teilstücke

1/2	**(a/one) half**	(e/wuann) häf
1/3	**a/one third**	e/wuann ðörd
1/4	**a/one quarter**	e/wuann kworder
3/4	**three quarters**	ðrie kworders

Punkt, Komma oder Doppelpunkt?

point = *Punkt*
percent = *Prozent*
„Monat/Tag/Jahr"

Geht es um Dezimalzahlen, sagt man für 1,5%: one point five percent wuann poijnt feiv pörßänt. Den Punkt, den wir bei 1.000-er Schritten verwenden, ist bei den Amerikanern ein Komma: 1,000. Beim Datum verwendet man statt einem Punkt einen slash ßläsch, und die Reihenfolge ist anders: month/day/year. Bei der Uhrzeit gibt es statt des Doppelpunktes einen Punkt: 15.43.

Datum

months mannðs
weekday wiekdäj

Die Monate heißen: January jännje | ärie, February fäbbje | ärie, March martsch, April äjprill, May mäj, June dschuwn, July dschulei, August owgeßt, September ßäbbtämmber, October aktowber, November nowvämmber, December diesämmber. Sie werden groß geschrieben, genau wie die Wochentage: Monday manndäj, Tuesday tusdäj, Wednesday wännßdäj, Thursday ðörsdäj, Friday freijdäj, Saturday ßädderdäj, Sunday ßanndäj.

What's the date?	**What date is it?**
wadßðe däjt	wad däjt isid
was'ist das Datum	*was Datum ist es*

Welches Datum haben wir?

Today's the 1st of August/August 1st.
tuhdäjs ðe förßtef owgeßt / owgeßt förßt
heute'ist der 1. von August / August 1.
Heute ist der 1. August.

What's your birthdate?
wadßjer börðdäjt
was'ist dein Geburtsdatum
Wann ist dein Geburtsdatum?

Das Jahr (year jier) sagt man fast genauso wie im Deutschen: nineteen-ninety-nine für 1999 – d.h. vierstellige Jahreszahlen trennt man einfach in zwei: 19 – 99. Das gilt natürlich nicht für solch runde Zahlen wie das Jahr 2000, das hat den besonderen Spitznamen Y2K, sprich: weij | tu | käj. Und die nächsten Jahre werden genauso heißen wie ihre Zahl beim Zählen: 2001 = two thousand one tuw ðauwsend wuann

Y = year jier *Jahr*
K = kilo kilow = *1000*

Viele Traditionen sind an bestimmte Feiertage geknüpft. Offizielle nationale Feiertage – legal holidays liejgel halliedäjs – sind mit einem * gekennzeichnet. Hier sind die Daten – dates däjtß, die man sich merken sollte:

New Year's Day* nujiers däj
1. Januar. Neujahrstag. Auf dem Times Square in New York wird der Beginn des neuen Jahres für alle amerikanischen Zeitzonen gefeiert.

Valentine's Day välenteins däj
14. Februar. Valentinstag. Wird unter Liebenden und guten Freunden gefeiert.

St. Patrick's Day ßenpätrikß däj
17. März. St. Patrick's Tag, ein irischer Feiertag, der auch von Nicht-Iren gefeiert wird. Man trägt grüne Kleidung, trinkt grünes Bier und isst Pökelfleisch mit Kohl.

Amerika ist in time zones teim sowns *Zeitzonen unterteilt, von West nach Ost:* Samoa, Hawaii-Aleutian, Alaska, Pacific, Mountain, Central, Eastern

Easter Sunday ießter ßanndäj

März/April. Ostersonntag, Ostermontag und Karfreitag gibt es in den USA nicht.

wörtl.: April Verarschter Tag

April Fool's Day äprill fuhls däj

1. April. Wie bei uns April, April!

wörtl.: Tageslicht Gespartes

Daylight Savings däjleit ßäjvingß

1. Sonntag im April. Die Uhr springs forward ßprings for|d – springt vorwärts – von 1 a.m. auf 2 a.m. (nicht in Arizona, Hawaii und in Teilen von Süd-Indiana).

Mother's Day maðers däj

2. Sonntag im Mai. Muttertag.

wörtl.: Gedenktag

Memorial Day* mämmowriejel däj

30. Mai. 1948 eingeführt als Tag für ein prayer for peace präjer for pieß – Gebet für den Frieden.

Father's Day faðers däj

3. Sonntag im Juni. Vatertag.

Independence Day* indiepänndenß däj

4. Juli. Gefeiert wird der Unabhängigkeitstag mit großen Feuerwerken.

Native American Day näjtiv emmäriken däj

4. Freitag im September. Tag der Indianer.

Columbus Day* kalammbeß däj

12. Oktober. Gedenktag für den Entdecker Christopher Columbus.

Daylight Savings däjleit ßäjvingß

Letzter Sonntag im Oktober. Die Uhr falls back fols bäk– fällt zurück von 2 a.m. auf 1 a.m. (s.o.).

von: all hallow even oll hällow iewn *alle heiligen Abend*

Halloween hällowien

31. Oktober. Verkleidete Kinder mit jack'o-lanterns dschäkow länterns – orangene

Kürbislaternen – klingeln an jeder Tür im Dorf mit der Frage: trick or treat trik or triet – Zaubertrick oder milde Gabe?

Veteran's Day* vädderenß däj
11. November. Tag der Kriegsveteranen.

Thanksgiving* ðängkßgivin
4. Donnerstag im November. An diesem Tag kommen Familien zur Danksagung an Gott zusammen. Wichtiger als Weihnachten.

Christmas Day* krißmeß däj
25. Dezember. Weihnachtstag.

Nationale Feiertage werden auf Freitag oder Montag verschoben, wenn sie auf ein Wochenende fallen. So gibt es zum geringen Jahresurlaub von 10 - 20 Tagen zusätzlich 7 freie Tage.

Uhrzeit

Einmal alle Möglichkeiten in der vollen Stunde durchgespielt:

What time is it?
wad teim isid
was Zeit ist es
Wie spät ist es?

It's ...
itß
es-ist
Es ist ...

five a.m. / p.m.
feiv äj | äm / piej | äm
fünf Uhr Vor-/Nachmittag
5 Uhr / 17 Uhr

ten past five
tänn päßt feiv
zehn nach fünf
zehn nach fünf

quarter past five
kworder päßt feiv
Viertel nach fünf
Viertel nach fünf

five fifteen
feiv fifftien
fünf fünfzehn
fünf Uhr fünfzehn

Wer nach der Uhrzeit fragt, weiß, ob es Morgen oder Nachmittag ist. Geschrieben differenziert man genau:
a.m. = ante meridiem *(vor Mittag)*
oder
p.m. = post meridiem *(nach Mittag)*

Das deutsche „fünf nach halb" kann man im Amerikanischen nicht sagen!

half past five
häfpäßt feiv
halb nach fünf
halb sechs

five thirty
feiv ðördie
fünf dreißig
fünf Uhr dreißig

quarter to six
kworderte ßikß
Viertel zu sechs
Viertel vor sechs

fifteen to six
fifftiente ßikß
fünfzehn zu sechs
fünfzehn vor sechs

Die Stunde nennt sich hour auwer, und die teilt sich in Minuten minutes minnitß und Sekunden seconds ßäkends. Die Armbanduhr ist eine watch wotsch und die Wanduhr eine clock klak. Damit Sie bei der Verabredung nicht zu spät kommen – be late bieläjt, sondern pünktlich sind – be on time biejenteijm, erkundigen Sie sich besser nach der Uhrzeit time teim.

At what time?
ät wadteim
bei was Zeit
Welche Uhrzeit?

At (about) ... o'clock.
ät (ebauwt) ... eklak
bei (etwa) ... Uhr
Etwa um ...

now nauw *jetzt*
soon ßuwn *bald*

In ... hour(s).
in ... auwers
in ... Stunde(n)
In ... Stunde(n).

In half an hour.
in häfenauwer
in halb einer Stunde
In einer halben Stunde.

next week, Monday, month, time
näkßt wiek, manndäj, mannð, teijm
nächste(n,s) Woche, Montag, Monat, Mal

in two days/weeks/months/years
in tuw däjs/wiejkß/mannß/jiers
in zwei Tagen/Wochen/Monaten/Jahren

last fall/night
läßd fol/neit
letzten Herbst/Abend

this evening/year
ðiß iewenin/jier
diesen Abend/dieses Jahr

in the morning
inðe mornin
an dem Morgen

on Friday night
en freidäj neit
an Freitag Abend

a little later
eliddl läder
ein wenig später

maybe earlier
mäjbie örliejer
vielleicht früher

before tomorrow
biefor temorow
vor morgen

after tonight
äfter teneit
nach heute-Abend

until yesterday
antill jäßterdäj
bis gestern

since today
ßinß tudäj
seit heute

as of ten o'clock
äseff tänneklak
ab von zehn von-der'Uhr
ab zehn Uhr

two days ago
tuw däjs egow
zwei Tage her
vor zwei Tagen

from 8 a.m. to 8 p.m.
framm äjt äj | äm te äjt pie | äm
von 8 vormittag zu 8 nachmittag
von 8 bis 20:00 Uhr

weitere Tageszeiten:
noon nuhn
Mittag
lunchtime lanschteijm
Mittagszeit
afternoon äfternuhn
Nachmittag
evening iewenin
Abend
midnight middneit
Mitternacht

the day after tomorrow
ðe däj äfter temorow
der Tag nach morgen
übermorgen

the day before yesterday
ðe däj biefor jäßterdäj
der Tag vor gestern
vorgestern

between 5 p.m. and 6 p.m.
bietwien feiv pie | äm änn ßikß pie | äm
zwischen 5 nachmittags und 6 nachmittags

by next week
bei näkß wiek
bis nächste Woche

around September
erauwnd ßäbbtämmber
um-herum September

on the weekend
onðe wiekänd
an das Wochenende
am Wochenende

at the moment
ät ðe mowment
bei der Moment
im Moment

Mengen & Maße

Ob Sie einkaufen gehen, sich nach Sehenswürdigkeiten erkundigen oder im Restaurant etwas zur Menge sagen möchten, diese brauchen Sie immer:

all	ol	alle, ganz
each	ietsch	jede
several	ßäwrel	verschiedene
few	fju	wenig
a few	efju	einige, ein paar
little	liddl	wenig, kaum
much	matsch	viel
many	männie	viele
some	ßamm	einige
any	ännie	irgendwelche

anything	ännieðing	irgendetwas
something	ßammðing	etwas
a thing	eðing	etwas

I'm just looking for some sneakers.
eim dchaßt lukin for ßamm ßniekers
ich'bin nur schauend für einige Turnschuhe
Ich suche ein paar Turnschuhe.

Have you found anything yet?
hävje fauwnd ännieðing jed
hast du gefunden irgendetwas schon
Haben Sie schon etwas gefunden?

In Amerika verwendet man keine metrischen Maße, prägen Sie sich die amerikanischen daher gut ein:

cup(pint) (pt)	kap(peint)	0,47 Liter
quart (qt)	kwort	0,94 Liter
gallon (gal)	gällen	3,79 Liter
ounce (oz)	auwnß	25,35 Gramm
pound (lb)	pauwnd	453,59 Gramm
inch (in)	insch	2,54 Zentimeter
foot (ft)	futt	30,48 Zentimeter
yard (yd)	jard	0,91 Meter
mile (m)	meil	1,609 Kilometer

Die Temperatur misst man auch anders, nämlich in Fahrenheit (F) farenheit: 0 °F = - 18 °C und 32 °F = 0 °C, aber dazu mehr im Kapitel „Smalltalk".

Mini-Knigge

Es gibt in den USA viele, viele Benimmregeln zu beachten. Regel Nummer Eins ist, dass Sie sich um viel mehr Höflichkeit im Umgang mit Amerikanern bemühen sollten. Sagen Sie bei jeder Gelegenheit „Entschuldigung" und „Bitte", wie es die Amis tun.

Achten Sie auf Ihre Ausdrucksweise, denn für alles gibt es PC terms pie | sie törms – politisch korrekte Bezeichnungen: African American äfriken emmäriken für „Schwarze", Native American näjtiv emmäriken für „Indianer" und Hispanic American hißpännik emmäriken für „Latinos". Trotz der sprachlichen Kosmetik spiegelt die Realität Amerikas immer noch die gewachsene Rassentrennung wider. Sie werden kaum Weiße kennenlernen, die viele afro-amerikanische Freunde haben und umgekehrt. Auch bei der greencard lottery grienkard ladderiej, die die amerikanische Einwanderungsbehörde jedes Jahr zur Verlosung von Arbeitsgenehmigungen veranstaltet, sind Europäer die bevorzugten Kandidaten. Politische Korrektheit ist eben kein gewachsenes Gefühl der Gleichheit.

Darüber hinaus sind die Amerikaner meist tief religiös und aus diesem Grund häufig unglaublich prüde. Die liebste Sonntagsbeschäftigung ist auch der Gang zur Kirche. Es gibt unzählige Varianten der protestantischen Kirche – protestant prodeßtent, aber auch der katholischen – catholic käðellik, die sich alle deutlich von den Kirchen Europas unterscheiden. Am bekanntesten ist sicher die gospel church goßpell tschörtsch – Gospellieder singende Kirchen afroamerikanischer Gemeinden. Ebenfalls interessant ist es, den Spuren der religiösen Mormonen Mormon mormown zu folgen, die 1846 mit 70.000 Menschen über einen Zeitraum von 20 Jahren aus religiösen Gründen von New York in den mittleren Westen flüchteten auf dem so genannten Mormon-trail träjl. Ihre Basis ist heute in Salt Lake City, Utah. Eine weitere große religiöse Gruppe sind die Quaker kwäjker in Pennsylvania.

Die Prüderie ist in den USA überall spürbar: topless sunbathing toppleß ßannbäjðin – ein Sonnenbad oben ohne – gibt es nur an bestimmten Stränden in Florida und Kalifornien – sonst ist es eher verpönt. nudist camps nudißt kämß – FKK-Campingplätze sind nur etwas für Hippies. Wer ein nacktes Körperteil in der Öffentlichkeit zur Schau stellt oder gar in der freien Natur beim Geschlechtsverkehr erwischt wird, muss mit einem unfreiwilligen Besuch der Polizeiwache rechnen, u. U. sogar der vergitterten Räume von innen. Sex vor der Ehe wird in den USA noch immer nicht gern gesehen, daher die Mauerblümchen-Art, sich erst zigmal zu einem date däjt zu verabreden, bevor man zu ihr/ihm nach Hause geht.

Wenn der Amerikaner verärgert ist, beauftragt er sogleich einen Anwalt – attorney etörnie, *und das kann Sie teuer zu stehen kommen! Fotografieren Sie niemanden, der nicht offensichtlich einverstanden ist.*

Anrede, Begrüßen & Verabschieden

Lassen Sie sich in die Umkompliziertheit der Amerikaner fallen. Vergessen Sie einfach das „Sie“ und die damit verbundene Distanz in Ihrem Verhalten. Ein Amerikaner stellt sich immer mit seinem Vornamen vor, außer er macht Geschäfte auf höchster Ebene oder hat von Amts wegen mit jemandem zu tun. Sonst duzt man sich. Sprechen Sie Ihren Bekannten, Freund oder Kollegen immer konkret mit seinem Namen an, wenn Sie ihm etwas erzählen wollen, reden Sie nicht einfach drauflos.

Vergessen Sie es, jemanden nach dem Familiennamen zu fragen, aber merken Sie sich den Vornamen!

Den Händedruck können Sie auch getrost vergessen. Den brauchen Sie nur bei wichtigen Geschäften oder anderen förmlichen Situationen. Unter Freunden, Kollegen oder Nachbarn ist das unüblich.

Hi! hei Hi!

Die Begrüßung schlechthin zu jeder Tageszeit, zu Personen, die sie kennen oder gerade kennen lernen! Sagen Sie, wenn möglich, hi hei plus den Namen des Angesprochenen und beginnen Sie so ein kurzes Gespräch.

Hi John, how are you?
hei dschon, hauwarje
hallo John wie bist du
Hi John, wie geht's? (Man kennt sich schon.)

Das kann man auch in einem Wort sagen:
Howdy!
hauwdie

Fine/Great, thanks. **And you?**
fein/gräjt ðängkß ännjuh
fein/großartig danke *und du*
Gut/super, danke. Und dir?

Man kennt sich noch nicht/nicht gut:

Hi! How are you doing? **I'm Karin.**
hei hauwarje duwin eim kärin
hi wie bist du machend *ich'bin Karin*
Hi, wie geht's? Ich heiße Karin.

Wenn man sich im engen Freudeskreis trifft, auf eine Party geht, und man sich eher umgangssprachlich äußert, hören Sie bestimmt:

Hi! What's up?
hei wotßap
hi was'ist auf
Hi, wie geht's?

Hi! How's it going?
hei hauwsid gowin
hi wie'ist es gehend
Hi, wie geht's?

good morning *sagt man, wenn man morgens den Nachbarn auf der Straße trifft oder ins Büro kommt.*

Good morning (everybody)!
gedmornin (äwrebaddiej)
guten Morgen (jeder)
Guten Morgen (allerseits)!

good evening *abends auf der Straße oder bei einer Rede.*

Good evening (everybody)!
gediewnin ävriebaddiej
guten Abend (jeder)
Guten Abend (allerseits)!

Wenn man einfach nur auf Wiedersehen sagen möchte, nachdem man z.B. seine Einkäufe getätigt hat oder bei der Post war, sagt man immer einfach nur (Good)Bye! (ged)beij.

Der amerikanische Verkäufer oder die Kellnerin sagt dann vermutlich:

Bye! Have a nice day!
beij häve neiß däj
tschüss habe einen schönen Tag
Einen schönen Tag noch. Auf Wiedersehen.

Verabschiedet man sich von Freunden oder Kollegen, die man bald wiedersehen wird:

I gotta go! See you!
eigadde gow ßieje
ich muss gehen sehen dich
Ich muss los! Bis dann!

Take care!
täjkkär
nehme Acht
Pass auf dich auf!

Wenn man der Person viel Spaß wünschen möchte, eine gute Fahrt oder eine gute Nacht:

Have fun!
hävfann
habe Spass
Viel Spass!

Have a good trip!
häve gudtrip
habe eine gute Reise
Gute Reise!

Drive carefully!
dreiv kärfellie
fahre vorsichtig
Fahr' vorsichtig!

I'll be in touch
eillbie in tatsch
ich'werde sein in Kontakt
Ich meld' mich.

Good night!
gudneit
gute Nacht
Gute Nacht!

Sleep well!
ßliep wäll
schlafe gut
Schlaf schön!

Man kann auch sagen:

see you later
ßieje läjder
sehen dich später
Bis später!

see you tomorrow
ßieje temorow
sehen dich morgen
Bis morgen!

see you tonight
sieje teneid
sehen dich heute-Abend
Bis heute Abend!

Smalltalk

Smalltalk ßmoltowk, so nennt man die wenig tiefgehenden Gespräche, die Sie vor allem führen sollten, wenn Sie gerade jemanden kennenlernen:

What's your name?	**My name's Ann.**
wadßjer näjm	mei näjms änn
was'ist dein Name	*mein Name'ist Ann*
Wie heißt du?	Mein Name ist Ann.

Sollten Sie sich doch auf einer eher formellen Party befinden, will Ihr host hohwßt (Gastgeber) Sie bestimmt den anderen Gästen vorstellen:

Let me introduce you to some people.
lättmie intredusje te ßamm piepl
lass mich vorstellen dich zu einige Leute
Ich würde Sie gerne einigen Leuten vorstellen.

This is my wife/husband.
ðißiß mei weif/haßbend
dies ist mein Frau/Mann
Das ist meine Frau/mein Mann.

Mama/Papa	**mom/dad**	mamm/däd
Mutter/Vater	**mother/father**	maðer/faðer
Sohn/Tochter	**son/daughter**	ßann/doder
Bruder/Schwester	**brother/sister**	braðer/ßißter
Verlobte(r)	**fiancée/fiancé**	fiejanßäj
Kollege(in)/Freund(in)	**colleague/friend**	kollieg/frännd

folks/family	fowkß/fämeliej	*Familie*
aunt/uncle	ont/angkl	*Tante/Onkel*
cousin/buddy	kasin/baddie	*Cousin(e)/Kumpel*
grandma/grandpa	gränma/gränpa	*Oma/Opa*
brother/sister in law	braðer/ßißter inlow	*Schwager/Schwägerin*
child/baby	tscheild/bäjbiej	*Kind/Baby*
boyfriend/girlfriend	boifrännd/görlfrännd	*Freund(-in) in einer Beziehung*

This is Mr. Klein, an artist from Berlin.
ðißiß mißtr klein enardißd framm börlin
dies ist Herr Klein ein Künstler von Berlin
Das ist Herr Klein, ein Künstler aus Berlin.

Miss miß = *Fräulein (Jugendliche)*

Aber wie gesagt, außer, wenn es sehr förmlich zugeht, wird man Sie mit Ihrem Vornamen vorstellen. Die Antwort lautet immer:

Ms. mis = *Frau (neutral)*

Mrs. mißiß = *Frau (verheiratet)*

Pleased to meet you.
plieste mietje
erfreut zu treffen dich
Freut mich.

Mr. mißtr = *Herr*

Dann lassen es sich die Amerikaner aber wirklich nicht nehmen, doch noch zu erfahren, wo Sie denn herkommen:

How about you? I'm from Germany.
hauwbauwt juh eim framm dschörmenniej
wie über dich ich'bin von Deutschland
Und du? Ich komme aus Deutschland.

How long are you staying for? 3 weeks.
hauw long arje ßtäjin for ðrie wiekß
wie lang bist du bleibend für drei Wochen
Wie lange bleibst du? drei Wochen

Is this your first time here?
is ðiß jer förßteijm hier
ist dies dein erst Zeit hier
Bist du zum ersten Mal hier?

Well, it's my first time in Chicago, but ...
wäll ittß mei förßteim in tschiekagow bad
also es'ist mein erstes Mal in Chicago, aber
Ich bin zum ersten Mal in Chicago, aber ...

I've been to other places in the US before.
eivbinte aðerpläjßeß inðe ju | äß biefor
ich'habe gewesen zu andere Orte in den VS vorher
Ich war schon in anderen Orten in den USA.

So, where have you been so far?
sow wär hävje bin sowfar
also wo hast du gewesen so weit
Wo warst du denn schon bisher?

Manche unserer Städte werden auf Englisch anders geschrieben und gesprochen:

Switzerland
ßwitserländ
Schweiz

Austria
oßtrieja
Österreich

Cologne
kelown
Köln

Munich
mjuwnik
München

Geneva
dschenieva
Genf

Vienna
vjänna
Wien

I once made a trip to the West Coast for a couple of weeks...
ei wuanß mäjde trip tuwðe weßtkowßt for äj kapleff wiekß
ich einmal machte eine Reise zu der West Küste für ein paar von Wochen
Ich war mal ein paar Wochen an der Westküste ...

and I've also been to New England some years ago.
ändeiv olsow binnte nu ingglend ßamm jiers egow
und ich'habe auch gewesen zu Neu England einige Jahre her
und vor einigen Jahren war ich auch mal in Neu-England.

Have you ever been to Germany?
hävje äver binnte dschörmmenie
hast du jemals gewesen zu Deutschland
Warst du schon mal in Deutschland?

Amerikaner sind sehr stolz auf ihr Land, daher werden Sie bestimmt gefragt:

How do you like it here?
hauwdje leikitt hier
wie tust du mögen es hier
Wie gefällt's dir hier?

I (just) love it!
ei (dschaßt) lavitt
ich (genau) liebe es
Ich finde es toll!

It's great/wonderful!
ittß gräjt/wanderfel
es'ist großartig
Es ist super!

I'm having a great time!
eim hävine gräjt teim
ich'bin habend eine großartige Zeit
Ich finde es super!

Ihnen mag es vielleicht übertrieben vorkommen, zu sagen, dass Sie etwas lieben, aber dann drücken Sie sich perfekt Amerikanisch aus!

Aber Sie können auch die Fragen stellen:

Der gefragte Amerikaner antwortet auch gerne mit der Herkunft seiner Familie:

Chinese tscheinies *Chinese*
Cuban kjuwben *Cubaner*
Greek griek *Grieche*
Italian ittälljen *Italiener*
Irish eirisch *Ire*
Japanese dschäpenies *Japaner*
Jewish dschuwisch *Jude*
Mexican mäkßieken *Mexikaner*
Polish powlisch *Pole*
Puertorican pwerdowrieken *Puertoricaner*

Where are you from?	**I'm from St. Paul.**
wärje framm	eim framm ßint powl
wo bist du her	*ich'bin von St. Paul*
Woher kommst du?	Ich komme aus St. Paul
Where's that?	**It's in Minnesota.**
wärs ðäd	ittß in minneßowde
wo'ist jenes	*es'ist in Minnesota*
Wo ist das?	Das ist in Minnesota.

The 51 States

Alabama (AL) [2003]	ällebäme
Alaska (AK) [2008]	eläßke
Arizona (AZ) [2008]	äresowne
Arkansas (AR) [2003]	arkenßow
California (CA) [2005]	källefowrnje
Colorado (CO) [2006]	kalleräjdow
Connecticut (CT) [1999]	kenäddieked
Delaware (DE) [1999]	dällewäer
District of Columbia (DC)	dißtrikef kellembieja
Florida (FL) [2004]	flareda
Georgia (GA) [1999]	dschordsche
Hawaii (HI) [2008]	heweij
Idaho (ID) [2007]	eidehow
Illinois (IL) [2003]	illenoi
Indiana (IN) [2002]	indiejäne
Iowa (IA) [2004]	eijewe
Kansas (KS) [2005]	känseß
Kentucky (KY) [2001]	kentakkiej

Louisiana (LA) [2002]	luwiesiejäne
Maine (ME) [2003]	mäjn
Maryland (MD) [2000]	märelend
Massachusetts (MA) [2000]	mäßetschußetß
Michigan (MI) [2004]	mischigen
Minnesota (MN) [2005]	minneßowde
Mississippi (MS) [2002]	mißeßipiej
Missouri (MO) [2003]	mesuriej
Montana (MT) [2007]	mantäne
Nebraska (NE) [2006]	nebräßke
Nevada (NV) [2006]	neväde
New Hampshire (NH) [2000]	nuhämscher
New Jersey (NJ) [1999]	nudschörsie
New Mexico (NM) [2008]	nu mäkßikow
New York (NY) [2001]	nujork
North Carolina (NC) [2001]	norð käreleine
North Dakota (ND) [2006]	nohrð dekowde
Ohio (OH) [2002]	owheijow
Oklahoma (OK) [2008]	owklehowme
Oregon (OR) [2005]	origen
Pennsylvania (PA) [1999]	pänßelväjnje
Rhode Island (RI) [2001]	rowdeilend
South Carolina (SC) [2000]	ßauwð käreleine
South Dakota (SD) [2006]	ßauwð dekowde
Tennessee (TN) [2002]	tänneßiej
Texas (TX) [2004]	täkßeß
Utah (UT) [2007]	juhtow
Vermont (VT) [2001]	vermant
Virginia (VA) [2000]	verdschinje
Washington (WA) [2007]	woschingten
West Virginia (WV) [2005]	wäß verdschinje
Wisconsin (WI) [2004]	wißkanßen
Wyoming (WY) [2007]	weijowming

Weitere hilfreiche Abkürzungen:

NYC = New York City, *(um es von dem Bundesstaat NY zu unterscheiden)*

LA = Los Angeles
Philly = Philadelphia
Frisco = San Francisco

...und Spitznamen:

The Big Easy
= New Orleans

The Big Apple
= New York City

The Big Tomato
= Sacramento

The Windy City
= Chicago

Dixie
= The Southern States

Wetter

Ob einem der Urlaub gefällt oder nicht, hat für viele etwas mit dem Wetter zu tun:

hot hatt *warm*
warm worm *warm*
cool kuwl *kühl*
cold kowld *kalt*
freezing friesin *eisig*
windy windiej *windig*
cloudy klauwdiej *bewölkt*
clear klier *klar*
sunny ßannie *sonnig*
foggy foggie *neblig*

The weather is great!
ðe wäðrs gräjt
das Wetter is großartig
Das Wetter ist toll!

It's too hot/humid!
ittß tuw hat/chjumid
es'ist zu heiß/schwül
Es ist zu heiß/schwül!

What'll the weather be like in the West?
wadl ðe wäðer bieleik inðe wäßt
was'wird das Wetter sein ähnlich in dem Westen
Wie wird das Wetter im Westen sein?

It's supposed to rain/snow/hail.
ittß ßepowßte räjn/ßnow/häjl
es'ist angenommen zu regnen/schneien/hageln
Es soll Regen, Schnee, Hagel geben.

In den USA verwendet man ein anderes Messsystem für Temperaturen als bei uns: Fahrenheit farenheit statt Centigrade ßentigräjd (Celsius). Lassen Sie sich also nicht von den extrem hohen Temperaturen erschrecken, wenn Sie ein amerikanisches Thermometer benutzen! „Grad“ heißt einfach degree digriej. Wird es richtig kalt im Winter, geht die Temperatur auch unter Null, und das heißt dann -5°F feiv digries below sierow = -21 °C. In der Wettervorhersage werden Sie aber hoffentlich hören:

100°F = *38°C*
90°F = *32°C*
80°F = *27°C*
70°F = *21°C*
60°F = *16°C*
50°F = *10°C*
40°F = *4°C*
32°F = *0°C*
0°F = *-18°C*

Tomorrow temperatures will reach the high 80's/low 100's
temorow tämpritschers will rietsch ðe hei äjdies / low handridß
morgen Temperaturen werden erreichen die hoch 80'des /niedrig 100'des
Morgen werden wir Temperaturen um die 30°C/40°C haben.

Eine Besonderheit in den USA ist die „Fünfte Jahreszeit“ im Herbst, der Indian summer indjen ßammer. Nach einer kalten Periode ist es im Ende Oktober oder Anfang auf einmal wieder so richtig warm, und die herbstlich rot-gelben Blätter strahlen im Sonnenschein, besonders in Neu-England, an den Großen Seen und in Nord-Kalifornien. Unangenehm sind die verschiedenen Wirbelstürme, die jedes Jahr wieder mit ungeheurer Zerstörungswut zuschlagen. Im Herbst fegen hurricanes hariekäjns mit über 118 km/h durch den Osten, tauchen zunächst die Südküste in Sturmfluten, bevor sie landeinwärts wüten. Im mittleren Westen sind es blizzards bliserds (Schneestürme) im Winter und im Frühjahr verwüsten tornados

spring
ßpring
Frühling

summer
ßammer
Sommer

fall
fol
Herbst

winter
winter
Winter

tornäjdows mit 180-510 km/h alles, was ihnen in die Quere kommt. Der Südosten wird nach heftigen Regenfällen von Fluten auf dem Mississippi und Missouri heimgesucht, während Trockenheit für Wandbrände im bergigen Terrain der Rocky Mountains sorgt. Und nicht zuletzt hat Süd-Kalifornien von Zeit zu Zeit mit Erdbeben zu kämpfen.

Achtung bei Warnungen vor:
avalanche äwelensch *Lawine*
earthquake örðkwäjk *Erdbeben*
flood flad *Flut*
forest fire fowreßt feijer *Waldbrand*

Beruf & Bildung

Jetzt will man sicher wissen, was Sie beruflich machen, und wo Sie zur Schule gegangen sind:

Are you traveling or here for business?
arje trävlin or hier for bisniß
bist du reisend oder hier für Geschäfte
Bist du im Urlaub oder geschäftlich hier?

I'm spending my summer vacation here.
eim ßpändin mei ßammer väjkäjschen hier
ich'bin verbringend meine Sommer Ferien hier
Ich verbringe meine(n) Ferien/Urlaub hier.

I'm here for business reasons.
eim hier for bisniß riesons
ich'bin hier für Business Gründe
Ich habe hier geschäftlich zu tun.

What do you do for a living?
wadje duw forelivin
was tust du tun für ein lebend
Was machst du beruflich?

I work for a bank/an insurance/an attorney, ...
ei wörk fore bänk/eninschurenß/enetörniej
ich arbeite für eine Bank/eine Versicherung/einen Anwalt
Ich arbeite für eine Bank/eine Versicherung/einen Anwalt.

I'm working at a hospital/the city hall/the university, ...
eim wörkin ädde hoßpiddl/ðe ßiddie howl/ðe junievörsiddiej
ich'bin arbeitend bei ein Krankenhaus/das Stadthaus/die Universität
Ich arbeite in einem Krankenhaus/im Stadthaus/der Universität, ...

I'm a teacher/hairdresser/consultant, ...
eime tietscher/härdräßer/kanßalltent, ...
ich'bin ein(e) Lehrer(in)/Frisör(in)/Berater(in)

Berufsbezeichungen im Amerikanischen gelten meist für männlich und weiblich !

social worker, secretary, housewife, ...
ßowschel wörker, ßäkretäriej, hauwßweif, ...
Sozialpädagoge, Sekretärin, Hausfrau, ...

I'm still going to school/to college.
eim ßtill gowin teßkuwl/tekolidsch
ich'bin noch gehend zu Schule/zu Universität
Ich gehe noch zur Schule/zur Uni.

<table>
<tr><td>I study ...</td><td>medicine</td><td>mädeßen</td><td>Medizin</td></tr>
<tr><td>ei ßtaddie</td><td>law</td><td>low</td><td>Jura</td></tr>
<tr><td>ich studiere</td><td>economics</td><td>äkenommikß</td><td>Wirtschaft</td></tr>
<tr><td></td><td>languages</td><td>längwitsches</td><td>Sprachen</td></tr>
<tr><td></td><td>IT</td><td>ei | tiej</td><td>Informatik</td></tr>
<tr><td>I studied ...</td><td>art</td><td>art</td><td>Kunst</td></tr>
<tr><td>ei ßtaddiet</td><td>engineering</td><td>ändschenierin</td><td>Maschinenbau</td></tr>
<tr><td>ich habe studiert</td><td>chemistry</td><td>kämeßtriej</td><td>Chemie</td></tr>
<tr><td></td><td>journalism</td><td>dschörnelism</td><td>Journalismus</td></tr>
<tr><td></td><td>music</td><td>mjusik</td><td>Musik</td></tr>
</table>

high(school) hei (ßkuwl) *= weiterführende Schule*

I'm an exchange student at Windsor High.
eimen ikßtschäjndsch ßtudent ät windßer hei
ich'bin ein Austausch Student bei Windsor Schule
Ich bin Austauschschülerin an der Windsor-Schule.

Jetzt mögen Sie denken, was soll ich mit Schulvokabular? Aber in den USA spielt es auch später noch eine wichtige Rolle, wer oder was man in der Schul- und Unizeit war. Von der prom pram – dem Abschlussball – werden Amerikaner immer wieder erzählen, ebenso von ihrer Zeit als Schulsprecher oder Teamkapitän. Die jährliche reunion riejunjen – Wiedervereinigung – sorgt dafür, dass man die Schul- und Unizeit nie vergisst.

Jährlich kehren die Ehemaligen zur Schule/Uni zurück und besuchen das homecoming game howmkammin gäjm, *ein "Rückkehrspiel" – natürlich American Football. Abends feiert man den* homecoming dance howmkanmin dänß, *auf dem die* homecoming queen howmkammin kwien *gewählt wird, und somit ins Jahrbuch* year book jierbuk *eingehen wird.*

When did you graduate?
wänn didje grädjewet
wann tatest du Abschluss-machen (Schule & Uni)
Wann hast du deinen Abschluss gemacht?

I'm the class of '86.
eim ðe kläßef äjdießikß
ich'bin die Klasse von 86
Ich habe 1986 meinen Abschluss gemacht.

fraternity frätörnitiej *Jungenklub*

I was in a sorority since my freshman year.
eiwos inne ßowrowritiej ßinß mei fräschmen jier
ich war in ein Mädchenklub seit mein Frisch-Mann Jahr
Ich war in einem Mädchen-Klub seit meinem ersten Jahr an der Uni.

	senior high ßienjer hei	college kallidsch	
freshman	9. Klasse	1. Jahr	fräschmen
sophomore	10. Klasse	2. Jahr	ßaffmowr
junior	11. Klasse	3. Jahr	dschunjer
senior	12. Klasse	4. Jahr	ßienjer

Familie & Alter

Are you married?
arje märied
bist du verheiratet
Sind Sie verheiratet?

Do you have children?
dje häv tschildren
tust du haben Kinder
Haben Sie Kinder?

Yes, I have two kids.
jäß eihäv tuw kidß
ja ich habe zwei Kinder
Ja, ich habe 2 Kinder.

How about you?
hauwebauwt juh
wie über dich
Und Sie/du?

Do you have brothers and sisters?
dje häv braðerßnßißterß
tust du haben Brüder und Schwestern
Hast du/Haben Sie Geschwister?

I've got a younger/older brother.
eiv gadde jangger/older braðer
ich'habe geholt ein jüngeren/älteren Bruder
Ich habe einen jüngeren/älteren Bruder.

How old are you?
hauwowld arje
wie alt bist du
Wie alt bist du/sind Sie?

Thirty one.
ðördie wuann
dreißig eins
Einunddreißig.

Einladung & zu Gast sein

Wenn Sie von Amerikanern nach Hause eingeladen werden, kann sich das so anhören:

Do you have any plans for tomorrow?
djehäv ännie pläns for temorow
tust du haben irgendwelche Pläne für morgen
Hast du morgen schon etwas vor?

Well, I thought of going to the movies. Why?
wäll ei ðowdeff gowin tuwðe muvies wei
also ich dachte an gehend zu den Filmen warum
Ich wollte ins Kino gehen. Wieso?

I invited a couple of friends over for dinner, ...
ei inveided ekapplef frännds owver for dinner
ich lud-ein ein wenige Freunde über für Abendessen
Ich habe ein paar Freunde zum Abendessen eingeladen, ...

... who'd love to meet you.
huwd lavte mietje
wer'würde lieben zu treffen dich
... die dich gern kennenlernen möchten.

That's sweet of you. I'll come!
ðädß ßwiedefje eil kamm
das'ist süß von dir/euch. ich'werde kommen
Das ist wirklich süß. Ich werde kommen.

When should I come over?
wänn schuddei kammowver
wann sollte ich kommen über
Wann soll ich kommen?

Where do you live?
wärdje liv
wo tust du leben
Wo wohnst du?

Sie würden gerne etwas mitbringen ...

How about I bring dessert?
hauwebauwt ei bring diesört
wie über ich bringe Nachtisch
Wie wär's, wenn ich den Nachtisch mitbringe?

Natürlich können Sie Ihrem Gastgeber zusätzlich Wein oder Blumen mitbringen.

Hi. Come on in. I'm glad you could make it.
hei kamm on in eim gläd juh kudd mejkitt
hallo komme auf in ich'bin froh du konntest machen es
Hi, komm 'rein. Schön, dass du kommen konntest.

Sit down, please.
ßitt dauwn plies
sitze unten bitte
Setz dich.

Take a seat.
täjke ßiet
nehme einen Sitz
Setz dich.

Do you want anything to drink?
dje wont annieðing tedrink
tust du wollen irgendetwas zu trinken
Was möchtest du trinken?

Nach der ersten Begrüßung gehen Sie einfach wieder zu Smalltalk über.

Komplimente über das Essen:

This is really tasty. How did you make it?
ðißiß rieliej täjßtiej hauw didje mäjkitt
dies ist wirklich schmeckend wie tatst du machen es
Es schmeckt hervorragend. Wie ist das Rezept?

Mmh yummy!
mm jammie
mmh lecker
Sehr lecker!

Do you want some more?
dje wont ßamm mowr
tust du wollen etwas mehr
Möchtest du noch etwas mehr?

I'd love to.
eid lav tuw
ich'würde lieben zu
Ja gerne.

No thanks, I'm stuffed.
now ðängkß eim ßtafft
nein danke ich'bin gestopft
Nein danke, ich bin satt.

Dating

Flirten, und sei es ohne Hintergedanken, nur um die sozialen Kontakte anregender zu gestalten, läuft in den U.S.A. etwas anders ab. Mit einem wilden Augenkontakt können sie dort nicht rechnen. Wollen Sie flirten, müssen Sie diejenige/denjenigen gleich ansprechen und sich zu einem ordentlichen date däjt – einer romatischen Verabredung – verabreden. Dazu muss man einiges vorher klären:

Are you married?	**No, I'm divorced.**
arje märied	now eim devorßt
bist du verheiratet	*nein ich'bin geschieden*
Bist du verheiratet?	Nein, ich bin geschieden.

Are you going out with someone?
arje gowin auwt wið ßammwuann
bist du gehend aus mit jemand
Bist du mit jemandem zusammen?

Are you dating anyone?
arje däjtin änniewuann
bist du verabredend irgendwen
Siehst du zurzeit jemanden?

Sorry, I already have a girlfriend/boyfriend.
ßoriej ei owlräddie häve görlfrännd/boifrännd
entschuldige ich schon habe ein Freundin/Freund
Entschuldige, ich habe eine Freundin/einen Freund.

blind date bleind däjt *kennt man seit dem gleichnamigen Film mit Kim Basinger & Bruce Willis – eine Verabredung mit einer/einem Unbekannten.*

Man geht beim ersten date immer aus, Einladungen nach Hause sind zu persönlich und finden erst statt, wenn man sich besser kennt.

Can I take you out for dinner?
kännei täjkje auwt for dinner
kann ich nehmen dich aus für Abendessen
Kann ich dich zum Abendessen einladen?

Sure!	**Yeah, o.k.**	**Maybe.**
schuwr	jä owkäj	mäjbie
sicher	*ja o.k.*	*vielleicht*
Na klar!	Ja, o.k.	Vielleicht.

Sorry, I already have plans for tomorrow.
ßoriej ei owlräddie häv pläns for temorow
entschuldige ich schon habe Pläne für morgen
Sorry, ich habe morgen schon etwas vor.

How about Thursday instead?
hauwebauwt ðörßdäj inßtäd
wie über Donnerstag stattdessen
Wie wäre es mit Donnerstag?

Viele dates *werden als* double date dabl däjt *eingefädelt, um zwei Menschen unauffällig zu verkuppeln, oder um jemanden unauffällig anmachen zu können.*

I'll pick you up at seven.
eill pikje app ätt ßäwn
ich'werde picken dich auf um sieben
Ich hole dich um sieben Uhr ab.

Als Mann sollten Sie bei der Verabredung die Form wahren, der Frau in den Mantel helfen, die Tür des Autos oder des Lokals aufhalten und die Frau nach Hause bis zur Tür begleiten.

Seien Sie ganz Gentleman der alten Schule. Trotz feminism fämminism und women's lib wimens lib zahlt meist immer noch der Mann. *Feminismus & „Frauen-Befreiung"*

Can I take you home?
kännei täjkje howm
kann ich nehmen dich Zuhause
Kann ich dich nach Hause bringen?

Can we see each other again?
kän wie ßie ietschaðer egänn
können wir sehen jede andere nochmal
Können wir uns nochmal treffen?

I hope to see you again soon.
eihowp teßieje egänn ßuwn
ich hoffe zu sehen dich nochmal bald
Ich hoffe, wir sehen uns bald wieder.

Thanks for the nice evening.
ðängkß for ðe neis iewenin
danke für die nette Abend
Danke für den netten Abend.

Liebesgeflüster

Stecken Sie Ihre Erwartungen an Ihr erstes date nicht zu hoch. Für religiöse Amerikaner bleibt Beischlaf vor der Ehe etwas Frivoles. Wenn Sie dennoch mit jemandem intimer werden, sollten Sie über safer sex ßäjfer ßäkß sprechen. Nicht nur wegen AIDS, sondern auch wegen Hepatitis, Syphilis und nicht zuletzt ungewollter Schwangerschaften. Die Rate für teenage pregnancies tienädsch prägnenßies – Schwangerschaften von Jugendlichen – und abortions eborschenß – Abtreibungen – ist schon mehr als zu hoch! Sexuelle Aufklärung – sexual education ßäkschuwel ädjekäjschen – versteckt sich in den USA leider hinter unglaublicher Prüderie.

Do you have any condoms/a rubber?
dje häv ännie kondomß/erabber
tust du haben irgendwelche Kondome/ein Gummi
Hast du Komdome/ein Gummi dabei?

Do you have any gloves/dental dam?
dje häv ännie glavs/däntel däm
tust du haben irgendwelche Handschuhe/ Zahn- Damm (für Leseben)
Hast du Handschuhe/einen Mundeinsatz da?

Alles andere sagen Sie einfach in der universal language of love juniwörßel längwitschef lav *„der Sprache der Liebe!“*

Wenn man sich über Safer Sex ausgetauscht hat und sich hat testen lassen, geht es vielleicht nur noch um die Empfängnisverhütung:

Do you take the pill?
dje täjk ðepill
tust du nehmen die Pille
Nimmst du die Pille?

Honeymoon

In Las Vegas kann man sich innerhalb von Minuten, ohne Aufgebot, ab $35 bar auf die Hand vor wildfremden Menschen das Ja-Wort geben: in einer chapel tschäpel (Kapelle) oder einem drive thru dreiv ðruw – einem Schalter, an dem Sie im Auto sitzend bedient werden.

Berühmte Hochzeiten in Las Vegas: Michael Jordan & Gattin, Joan Collins & Gatte, Bruce Willis & Demi Moore und natürlich Elvis & Priscilla

We'd like to get married.
wied leikte gätt märried
wir würden mögen zu bekommen verheiratet
Wir möchten heiraten.

Have you been married before?
hävjebinn märied biefor
hast du gewesen verheiratet vorher
Waren Sie schon mal verheiratet?

May I see your ID please.
mäjei ßie jer ei | die plies
darf ich sehen deinen Ausweis bitte
Darf ich bitte Ihren Ausweis sehen?

I hereby pronounce you man and wife.
ei hierbei pronauwnß juh mänenweif
ich hiermit erkläre sie Mann und Frau
Hiermit erkläre ich Sie für Mann und Frau.

Essen & Trinken

Sie gehören zu denen, die glauben, die amerikanische Küche habe nichts außer ungesundem fast food zu bieten? Weit gefehlt, sie ist so vielseitig wie Amerikas Landschaften und Menschen. Die besten Leckereien finden Sie meist nur auf dem Esstisch einer amerikanischen Familie, da auch Amis im Restaurant etwas anderes essen möchten als zu Hause.

breakfast — bräkfeßt — Frühstück

downatt	**donut**	süßer runder Hefekringel mit Zucker-/Schokoguss
bäjgel	**bagel**	salziger, runder Hefekringel
maffin	**muffin**	süßer, Minisandkuchen mit Rosinen, Schoko u.ä.
ßleißef towßt	**slice of toast**	eine Scheibe Toastbrot
ßleißef bräd	**slice of bread**	eine Scheibe Brot
gräjhäm	**graham**	Vollkorn-
weit	**white**	Weiß-
bann/rowl	**bun/roll**	Brötchen
pampernikl	**pumpernickel**	Schwarzbrot
badder	**butter**	Butter
häm	**ham**	Schinken
tschies	**cheese**	Käse
pienatbadder	**peanutbutter**	Erdnussbutter
(änd) dschällie	**~(and) jelly**	(und) Marmelade
bäjken	**bacon**	Frühstücksspeck, gebraten
äggs	**eggs**	Eier
ßanießeidap	**~sunny side up**	Spiegelei *(sonnige Seite hoch)*

~ over easy	Spiegelei beidseitig gebraten	owver iesiej
scrambled ~	Rühei	ßkrämbld
omelet	Omelette	omlet
hash browns	kleine Reibekuchen/Rösti	häsch brauwns
sausage	kleine Würstchen, pikant	ßoßidsch
(a stack of) pancakes	*(ein Stapel)* Pfannkuchen (mit Backpulver gebacken)	(eßtäkef) pänkäjkß
maple syrup	Ahornsirup (zu Pfannkuchen)	mäjpl ßerep
cereals	Oberbegriff für Müsli, Cornflakes, Smacks & Co.	ßieriejels
granola	Müsli	grenowle
cornflakes	gleichnamige Maisflocken	kornfläjkß
oatmeal	Haferflocken	owtmiel

Erstmal müssen Sie natürlich ein Lokal betreten, wo Sie essen möchten. Dort erwartet Sie meist ein Schild am Eingang, und die hostess howßtäß begleitet Sie zu einem Tisch.

Wait to be seated.
wäjtte bie ßieded
warten zu sein hingesetzt
Bitte hier warten, Tisch wird zugewiesen.

How many people?
hauwmännie piepl
wie viele Personen
Wie viel Personen?

Smoking or non-smoking?
ßmowkin or nannßmowkin
rauchend oder nicht-rauchend
Raucher oder Nichtraucher?

In Kalifornien gibt es nur Nichtraucher-Restaurants, alles andere ist verboten.

Die hostess verschwindet wieder in den Eingangsbereich, und jetzt kümmert sich eine Bedienung um Sie, bringt Ihnen die Speisekarte – menu männju – und a pitcher of water epitscheref woder – eine Kanne Wasser (mit Eis) – und stellt sich Ihnen vor:

appetizer
äpeteiser
Vorspeise

soup
ßup
Suppe

entrée
enträj
Hauptspeise

dessert
diesört
Nachspeise

Hi, I'm Linda. May I take your order?
hei eim linda mäjei täjkjer order
hallo, ich'bin Linda. darf ich nehmen deine Bestellung
Hallo, mein Name ist Linda. Was darf's sein?

I'll have eggs and blueberry muffins.
eil häv äggs änd bluwbäriej maffinß
ich'werde haben Eier und Blaubeere Küchlein
Ich nehme Eier und Blaubeer-Muffins.

How do you want your eggs?
hauwdje wontjer äggs
wie tust du wollen deine Eier
Wie wollen Sie die Eier haben?

Sunny side up with bacon on the side.
ßannießeidap wið bäjkn onðe ßajd
sonnig Seite hoch mit Speck auf der Seite
Spiegeleier mit Speck separat.

Anything to drink?
ännieðing tedrink
irgendetwas zu trinken
Und zu trinken?

(hot/cold) milk	(warme/kalte) Milch	(hat/kowld) milk
yogurt	Jogurt	jowgert
(cup/mug of) coffee	(Tasse) Kaffee	(kapef/magef) koffie
with or without	mit Milch oder schwarz	wið owr wiðauwt
decaf	entkoffeinierter Kaffee	diekäf
tea	Tee	tiej
sugar	Zucker	schuger
cream	(Kaffee-)Sahne (man trinkt keine Milch im Kaffee)	kriem
hot chocolate	warmer Kakao	hat tschaklet
orange juice	Orangensaft	orindsch dschus
grapefruit juice	Grapefruitsaft	gräjpfruwt dschus

Some coffee with cream, please.
ßamm koffie wið kriem plies
manche Kaffee mit Sahne bitte
Einen Kaffee mit Milch, bitte.

Regular or decaf?
rägjeler or diekäf
normal oder entkoffeiniert
Normal oder koffeinfrei?

Can I have a refill?
kännei häve riefill
kann ich haben ein Wiederfüllen
Kann ich noch eine Tasse Kaffee haben?

Ein (free) refill (friej) riefill) *ist kostenloses Nachschenken von Kaffee.*

Coming right up.
kammin reidap
kommend richtig auf
Kommt sofort.

Restaurant, Imbiss & Café

deiner	**diner**	informelles Restaurant
trakßtop	**truck stop**	eine Art Raststätte
dälliej	**deli**	Sandwich-Imbiss
räßterent	**restaurant**	Restaurant
dreivðruw/dreivin	**drive thru/drive in**	„Durchfahr"-Restaurant
owlje känn iejt	**all you can eat**	Buffet, bis man satt ist
täjkauwt/deinin	**take-out/dine in**	mitnehmen/hier essen
befäj	**buffet**	Buffet
hatdag ßtänd	**hotdog stand**	Würstchen-Bude
kaffie schap	**coffee shop**	Café; Kaffee und Kekse

Das Frühstück nehmen Amerikaner meist bis 8 Uhr zu sich. Zum lunch lansch (Mittagessen) gibt es ein sandwich ßänwitsch. Die Standards:

Ein sandwich *gibt es* open-faced owpen fäjßt *(offen), doppel- und dreistöckig, oder supergroß:* greinder greinder. *Auf dem* sandwich *ist immer* butter badder *&* mayonese mäjenies. *Dazu kommt je nachdem* mustard maßterd *(Senf),* ketchup kätschep *(Ketschup) oder* relish rällisch *(Chutney).*

PBJ sandwich (peanut butter, jelly)
pie | bie | dschäj ßänwitsch (pienatbader, dschällie)
1 Toast, Erdnussbutter, Marmelade (offen)

Club sandwich
klabb ßänwitsch
3 Toast, Hühnerbrust, Tomate, Speck

Reuben sandwich
ruwben ßänwitsch
Pumpernickel, Käse, Pökelfleisch, Sauerkraut (gegrillt)

BLT sandwich (bacon, lettuce, tomato)
bie | äl | tie ßänwitsch (bäjkn, lädeß, temäjdow)
2 Toast, Speck, Salat, Tomate

pastrami sandwich
peßträmie ßänwitsch
2 Toast, geräuchertes Rindfleisch

Der Großstadtbürger lässt sich zu Mittag einen hot dog am Straßenstand zusammenstellen: 1-2 Würstchen (wiener wiener), geröstete Zwiebeln (onions annjens), dazu saure Gurken (pickles pikels), Senf , Ketschup – fertig! Frühstück und Mittagessen in einem nennt sich brunch bransch, und abends isst man in den USA traditionell die große, warme Mahlzeit: zu Hause nennt es sich supper ßapper, im Restaurant jedoch dinner dinner.

Die großen Viehzuchtfarmen haben Fleisch zur Nummer Eins auf dem Speiseplan werden lassen, am liebsten beim bar-B-Q bar | bie | kjuw (gegrillt mit Holzkohle oder Gas).

Statt einem sandwich *können Sie auch einen* wrap räp *bestellen, das ist vom Prinzip her dasselbe, nur steckt die Füllung in einem Maisfladen.*

meat	miet	Fleisch
sirloin (steak)	ohne Knochen (groß)	ßerloin (stäjk)
rib eye (steak)	ohne Knochen (zart)	ribeij (stäjk)
T-bone (steak)	Mittelteil (eher fett)	tiebown (stäjk)
tenderloin (steak)	Filet (mager)	tänderloin (stäjk)
strip (steak)	Kotelett	ßtrip (stäjk)
spare rib	Rippenstücke	ßpärrib
pork	Schweinefleisch	pork
beef	Rindfleisch	bief
chicken	Hähnchen	tschiken

Bestellen Sie ein Steak, werden Sie gefragt:

Rare, medium or well-done?
rär, miedjem or wälldann
blutig, mittel oder gut-gemacht
Blutig, medium oder durchgebraten?

Sie glauben, ein Hamburger sei nur fast food von McDonalds oder Burger King. Dann müssen Sie mal einen homemade howmmäjd (selbstgemacht) bei Amerikanern zu Hause oder in einem guten diner probieren, mmh ...

börger	**burger**	gebratenes Gehacktes mit Salat & Soße im Brötchen
kworderpauwnder	**quarterpounder**	„Viertelpfünder“, sonst s.o.
tschiesbörger	**cheeseburger**	mit Käse, sonst s.o.

Dazu gibt's dann natürlich french fries fränsch freis (Pommes Frites) mit Ketschup; Majonäse gibt es eigentlich nie dazu.

Wenn Ihnen das jetzt zu langweilig war, interessiert Sie bestimmt die Vielfalt der nach Region oder Tradition unterschiedlichen main courses mäjn korßes (Hauptgerichte), zu denen oft eine ganz bestimmte Beilage gehört:

törkiej wið kornbrädßtaffin änd kränberie ßoß — **turkey with cornbread stuffing & cranberry sauce** – Truthahn mit Maisbrotfüllung & „Preiselbeer“-Sauce zu Thanksgiving

korndbief änd käbedsch — **corned beef & cabbage** – Pökelfleisch & Kohl zu St. Patrick's Day

dschembeleije — **jambalaya** – würziger Eintopf aus Louisiana mit Reis und diversen Bratwurst-Sorten

gembow — **gumbo** – scharfer Eintopf aus Louisiana mit Reis, Okraschoten & div. Fleisch oder Fisch

tschilliej — **chili** – scharfer Eintopf aus Kidneybohnen und Rindfleisch aus New Mexico

buriedows wið ßalßaßowß — **burritos with salsa sauce** – Bohnen mit Salsasoße im Maisfladen

enchilada with guacamole — gebackener Maisfladen mit Bohnen, Reis, Fleisch und Gewürzen, dazu ein Avokadodip	änschelade wið gwakemowlie
succotash — Bohnen-Mais-Eintopf	ßeketäsch
baked potato with sour cream — Ofenkartoffel mit saurer Sahne	bäjkt potädow wið ßauwerkriem
pumpkin pie/soup — Kürbiskuchen / -suppe traditionell zu Halloween	pampkenpei/ßuwp
corn on the cob — Maiskolben	kowrn onðe kab
maccaroni and cheese — Nudelauflauf mit Käse	mäkerownie ntschies
spaghetti & meatballs — Spaghetti mit Fleischklößchen	ßpegäddiej wið mietbowls
meatpie — gedeckter herzhafter Kuchen mit Fleischfüllung	mietpeij

salad bar ßälled bar Salatbuffet

coleslaw	Weißkrautsalat mit Majonäse	kowlßlow
caesar's salad	Blattsalat mit Ei, Anchovis, Olivenöl	sießers ßälled
waldorf salad	Salat mit Sellerie, Äpfeln, Walnüssen	woldorff ßälled
tuna salad	Thunfischsalat	tuwne ßälled
chef salad	gemischter Salat	schäff ßäled
tossed salad	grüner Salat	toßt ßälled

Which dressing?
witsch dräßin
welche Salatsoße
Welche Salatsoße?

Give me ....
gimmiej
gebe mir
Bringen Sie mir ...

ðausndeilend dräßin	**thousand island dressing**	würzige Salatsoße mit Majonäse, Paprika
fränsch dräßin	**french dressing**	Vinaigrette
ietäljen dräßin	**italian dressing**	Vinaigrette, Kräuter
vinneger än ojl	**vinegar & oil**	Essig und Öl
ßoltnpäper	**salt & pepper**	Salz und Pfeffer
ßpeißißnörbs	**spices & herbs**	Gewürze und Kräuter

veggies	vädschies	Gemüse
asparagus	eßpäregeß	Spargel
avocado	ävekäjdow	Avokado
beans	biens	Bohnen
bean sprout	bienßpraut	Bohnensprosse
beet	biet	Rübe
brussels sprout	braßlßprauwt	Rosenkohl
broccoli	brakliej	Brokkoli
carrot	käret	Möhre
cauliflower	kowlieflauwer	Blumenkohl
chard	tschard	Artichoke
chick peas	tschikpies	Kichererbsen
cucumber	kjukamber	Bohnen
eggplant	äggplänt	Aubergine
endive	ändeiv	Endiviensalat
garlic	garlik	Knoblauch
kohlrabi	kowlräjbie	Kohlrabi
leek	liek	Lauch
lentils	läntills	Linsen
okra	okra	Okraschoten
onion	anjen	Zwiebel
peas	pies	Erbsen
pepper	päper	Paprikaschote

Oder Tofu gefällig?
bean curd
bien körd

potato	potäjdow	Kartoffel
rice	reiß	Reis
scallion	ßkäljon	Frühlingszwiebel
spinach	ßpinetsch	Spinat
squash	ßkwosch	Kürbis
sweet potato	ßwiet potäjdow	Süßkartoffel
turnip	törnip	Rübe
zucchini	sukieniej	Zucchini

Beim Lesen der Speisekarte hilft es auch, die Zubereitungsmethoden zu kennen:

broiled/roast	gegrillt	broijld/rowßt
braised/steamed	geschmort/gedämpft	bräjsd/ßtiemd
baked/fried	gebacken/gebraten	bäjkt/freid
stuffed/glazed	gefüllt/glasiert	ßtafft/gläsd
smoked/pickled	geräuchert/eingelegt	ßmowkt/pikld
poached/boiled	pochiert/gekocht	powtscht/bojld
mashed	püriert	mäscht
hash/stew	Haschee/Eintopf	häsch/ßtuw

Wenn Sie gerne Fisch und Meeresfrüchte – fish & seafood fisch änd ßiefuwd – mögen:

fried catfish & hush puppies – panierter Wels & Maismehlbällchen	freid kätfisch änd haschpapies
blackened (red)fish – Rotbarsch mit Creol-Cajun-Gewürzen, typisch für den Süden	bläknd (räd)fisch
clam chowder & oyster crackers – Muschelsuppe und ungesalzene Cracker	klämtschauder änd ojßter kräkerß
steamed mussels – gedämpfte Miesmuscheln	ßtiehmd maßls

boijld lobßter	**broiled lobster** – gegrillter Hummer
grild trauwt/ßwordfisch	**grilled trout/swordfish** – gegrillte Forelle/Schwertfisch
ojßter bißk	**oyster bisque** – Austern-Cremesuppe
kadfisch	**codfish** – Klippfisch („Kabeljau")
ßämon/lokß	**salmon/lox** – Lachs/Räucherlachs
krowfisch	**crawfish** – Süßwasser-Schellfisch
ßkälepß	**scallops** – Jakobsmuscheln
kräbs	**crabs** – Krebse
schrimp krie | ol	**shrimp Creole** – Garnelen kreolischer Art

Zu Ihrer Mahlzeit möchten Sie bestimmt etwas trinken. Wasser haben Sie ja ohnehin schon umsonst auf dem Tisch stehen, aber vielleicht möchten Sie noch:

eißtie	**iced-tea**	Eistee
woder	**water**	Wasser (ohne Kohlensäure)
milk (schäjk)	**milk (shake)**	Milch (mit Speiseeis)
fruwtdschuß	**(fruit) juice**	(Frucht-) Saft
dschindscheräjl	**ginger ale**	Ingwer-Limonade
ruwtbier	**root beer**	„Wurzel"-Limonade
kowk	**coke**	Coca Cola
ßaftdrink	**soft drink**	Limonade

Small, medium or large?
ßmol, miedjem or lardsch
klein, mittel oder groß
Klein, mittel oder groß?

Diese Frage stellt man Ihnen in Bezug auf Cola und andere Limonaden, Kaffee, aber auch Ihre Portion Fritten. Zum gesünderen Ernähren:

fat free	0% Fett (Milchprodukte)	fätfriej
low fat	fettarm (Milchprodukte)	lowfät
low cholesterol	wenig Cholesterin	low keläßterel
diet	ohne Zucker (Getränke)	deijet
light	alkoholfrei / -reduziert	leit
caffeine free	koffeinfrei (Cola)	käffien friej
decaf	entkoffeiniert (Kaffee)	die | käf
lean	kalorienarm (Gerichte)	lien
kosher	rein (n. jüdischer Regel)	kowscher
no preservatives	keine Konservierungsmittel	nowprießörvedivs

Wenn Sie eine normale Cola oder einen schwarzen Kaffee bestellen möchten, nennt sich das regular rägjeler – normal.

Wenn Sie über 21 Jahre alt sind, können Sie auch etwas Alkoholisches bestellen:

beer	Bier	bier
(red/white) wine	(Rot-/Weiß-) Wein	räd/weit wein
champagne	Champagner, Sekt	schempäjn
(wine) cooler	Schaumwein mit Saft	weinkuwler
bourbon whiskey	Bourbon Whiskey	börben wißkiej
scotch whiskey	Scotch Whiskey	ßkotsch wißkiej
cocktail	Mixgetränk	koktäjl
eggnogg	Eierlikör, zu Weihnachten selbst gemacht	äggnok
mulled wine	Glühwein (Weihnachten)	mald wein

Please bring me a scotch.
plies bring mie eßkotsch
bitte bring mir einen Scotch
Bringen Sie mir bitte einen Scotch.

ßträjt	**straight**	ohne Eis (Alkohol)
onðe rokß	**on the rocks**	auf Eis (Alkohol)
wiðauwt eiß	**without ice**	ohne Eis (Cola, Limo)
ekännef	**a can of**	eine Dose
eboddelef	**a bottle of**	eine Flasche
epitschref	**a pitcher of**	eine Kanne (Bier, Wasser)
egläßef	**a glass of**	Glas

How was your meal?
hauwos jermiel?
wie war deine Mahlzeit
Hat es Ihnen geschmeckt?

Delicious! I'm stuffed now though.
delischeß eim ßtafdnauw ðow
deliziös ich'bin vollgestopft jetzt jedoch
Hervorragend. Jetzt bin ich aber satt.

Can I get you anything else?
kännei gätje ännieðin älß
kann ich holen dir irgendwas anders
Möchten Sie noch etwas?

dessert — diesört — Nachtisch

piekän peij	**pecan pie**	Pecannuss-Kuchen
bluwberie peij	**blueberry pie**	Blaubeerkuchen
äplpeij	**apple pie**	Apfelkuchen
(ala mowd)	**(à la mode)**	(mit Vanilleeis)
kie leimpeij	**key lime pie**	Limettenkuchen
käjk (wið froßting)	**cake (with frosting)**	Kuchen mit Zuckerguss
(tscheklet tschip) kukkies	**(chocolate chip) cookies**	(Schokoladen)kekse

brownie	Schokoladenschnitte	brauwniej
cobbler	Fruchtkuchen	kabbler
jello	Pudding	dschälow
ice cream	Eiscreme	eißkriem
sundae	Eisbecher mit Sauce, Sahne & Streuseln	ßanndäj
fruit	Obst	fruwt

Zum Thema Früchte und Eiscreme jedoch mehr im Kapitel „Shopping". Dort finden Sie auch alles zum Thema Süßigkeiten.

It was too much. Can you wrap that please?
itwos tuw matsch kännje räp ðäd plies
es war zu viel kannst du einpacken das bitte
Es war zu viel. Können Sie das einpacken, bitte?

No, can I have the check please?
now kännei häv ðe tschäk plies
nein kann ich haben die Rechnung bitte
Nein, bringen Sie bitte die Rechnung.

Sie sollten immer 15 - 20% der Rechnung als Trinkgeld (tip tip) *auf dem Tisch liegen lassen, denn das ist das Haupteinkommen der* waiter wäjder *(Kellner) und* waitress wäjtriß *(Kellnerin).*

Im Kino oder auf der Couch bei Freunden gibt es vielleicht:

(buttered) popcorn	Salzpopcorn (mit zerlassener Butter)	(baderd) popkorn
nachos with cheese	Maischips + Käsesoße	natschows wið tschies
bagel chips	Brötchen-Chips	bäjgl schipß
potato chips	Kartoffelchips	petäjdow schipß
pretzels	kleine Laugenbrezeln	prätsls
crackers with dip	salzige Kekse mit Dip	kräkerß wið dip

Shopping

Nummer Eins der Freizeitvergnügen ist für Amerikaner und Besucher: shopping schapin (Einkaufen) in der mall mowl – riesige überdachte Einkaufszentren mit Parkplätzen wie bei Ikea. Einkaufsstraßen oder Fußgängerzonen in den Innenstädten gibt es so gut wie gar nicht. Man kauft in der mall ein, und da ertönt in jedem Geschäft sofort eine Stimme:

Can I help you?	**Yes, do you have ... ?**
kännei hälpje	jäß dje häv
kann ich helfen dir	*ja tust du haben*
Kann ich Ihnen helfen?	Ja! Haben Sie ... ?

No, I'm just looking.
now eim dschaßt lukin
nein ich'bin nur schauend
Nein danke, ich schaue mich nur um.

Die Ware ist immer ohne Mehrwertsteuer – sales tax ßäls täkß – *ausgewiesen, die kommt erst an der Kasse hinzu!*

shopping mall schapin mowl	überdachtes Einkaufszentrum
convenience store konvienjenß ßtor	24 Stunden geöffneter Laden mit allem, was man dringend braucht
drugstore dragßtor	Mischung aus Drogerie und Apotheke
department store diepartment ßtor	Kaufhaus (z.B. K-mart, Walmart)
express lane ikßpreß läjn	Kasse für Eilige mit nur 3 - 4 items eitems (Teile)

grocery store	growscherie ßtor	Supermarkt
liquor store	likker ßtor	Spirirituosengeschäft
jeweler's	dschuwelers	Juwelier
bookstore	bukßtor	Buchhandlung
market	market	Markt
bakery	bäjkerie	Bäcker
gift shop	giftschap	Souvenirladen
butcher	butscher	Metzger
cashier	käschier	Kasse
sales	ßäjls	Ausverkauf

Im grocery store *packt Ihnen meist ein freundlicher Mitarbeiter Ihr Eingekauftes in eine braune Papiertüte.*

How much is it?
hauw matsch isitt
wie viel ist es
Wie viel kostet das?

I'll take this one.
eiltäjk ðißwuann
ich'werde nehmen dies eins
Das nehme ich.

Do you have any less expensive ones?
dje häv ännie läß ikßpänßiv wuanns
tust du haben irgendein weniger teuer solche
Haben Sie auch preiswertere?

Cash or charge?
käsch or tschardsch
bar oder belasten
Bar oder per Kreditkarte?

Ohne Kreditkarte – credit card krädid kard – *können Sie sich in den USA kein Auto mieten und müssen viel zu viel Bargeld mit sich herumschleppen, denn die größte Banknote ist $100!*

Kleidung kaufen

I'd like to try this on.
eid leikte treij ðiß on
ich'würde mögen zu probieren dies an
Ich würde das gerne anprobieren.

Kleidergrößen sind in den USA ein wenig anders als bei uns. Bei T-Shirts kennt man die Einteilung in:

S = small
ßmol
= *klein,*

M = medium
miedjem
= *mittel,*

L = large
lardsch
= *groß,*

XL = extra large
ikßtra lardsch
= *extra groß).*

How does it fit?
hauw dasit fit
wie tut es passen
Wie sitzt es?

Do you like it?
dje leikitt
(tust) du mögen es
Wie finden Sie es?

It's great! I like it.
itß gräjt ei leikitt
es'ist großartig ich mag es
Es ist super. Ich mag es.

It looks very nice.
id lukß väriej neiß
es aussieht sehr schön
Es sieht sehr gut aus.

It's too small/big/short/long/tight/baggy.
ittß tuwßmol/big/schort/long/teit/bäggie
es'ist zu klein/groß/kurz/lang/eng/weit
Es ist zu klein/groß/kurz/lang/eng/weit.

My (european) size is ...
mei (jurepiejen) ßeis is
meine europäische Größe ist
Ich habe (die europäische) Größe ...

Do you have this one in large/small/blue?
dje häv ðißwuann in lardsch/ßmol/bluw
tust du haben dies eine in groß/klein/blau
Haben Sie dieses noch in Größe L,S / in blau?

Alle Farben können Sie kombinieren mit dark dark – *dunkel, oder* light leit – *hell.*

colors	kalers	Farben			
white	weit	weiß	**black**	bläk	schwarz
gray	gräj	grau	**silver**	ßilver	silber
pink	pink	rosa	**bronze**	brans	bronze
purple	pörpl	lila	**yellow**	jällow	gelb
red	räd	rot	**brown**	brauwn	braun
blue	bluw	blau	**green**	grien	grün
gold	gowld	gold	**orange**	orinsch	orange

clothes klows Kleidungsstücke

bandanna	bändäne	Sonnenschutztuch
belt (buckle)	bält (bakl)	Gürtel(Schnalle)
bikini	biekieniej	Bikini
blue jeans	bluw dschiens	Jeans
boots	buwtß	Stiefel
bra	bra	BH
cap	käp	Kappe
coat	kowt	Mantel
dress	dräß	Kleid
gloves	glavs	Handschuhe
hat	hät	Hut
jacket	dschäket	Jacke
pants	päntß	Hose
(panty) hose	(päntie) hows	Strumpfhose
rain gear	räjn gier	Regenkleidung
sandals	ßändels	Sandalen
shirt	schört	Hemd
shoes	schuws	Schuhe
shorts	schortß	kurze Hose
skirt	ßkört	Rock
sneakers	ßniekers	Turnschuhe
socks	ßokß	Socken, Strümpfe
suit	ßut	Anzug, Kostüm
sweater	ßwädder	Pullover
swim suit	ßwim ßut	Badehose, -anzug
tie	tei	Krawatte
turtle neck	tördl näk	Rollkragenpulli
tuxedo	takßiedow	Anzug (3-tlg)
T-shirt	tie | schörd	T-Shirt
underwear	annerwär	Unterwäsche
vest	wäßt	Weste

Die richtigen Kleidungs- und Schuhgrößen sind so kompliziert aufgeteilt nach Männern, Frauen und nach Art des Kleidungsstückes, dass man sich am besten im Geschäft beraten lässt.

Fragt man nach einem shirt, *wird man gefragt:*
long or short sleeves
long or schort ßlievs
lange oder kurze Ärmel?

What kind of material is this?
wad keindef metieriejel is ðiß
was Art von Material ist dies
Aus welchem Material ist das?

cotton	kottn	Baumwolle
silk	ßilk	Seide
(lambs)wool	(lämß)wuhl	(Schafs-)Wolle
synthetics	ßinnðädikß	synthetisch
fleece	fließ	Fleece
linen	linnen	Leinen
leather	läðer	Leder

Was Sie vielleicht dringend brauchen ...

... ist typischerweise etwas Wichtiges zur Körperpflege oder ein Päckchen Zigaretten.

I'd like ...
eidleik
ich'würde mögen
Ich hätte gern...

epießef	**a piece of**	ein „Stück" (Seife)
ekapelef	**a couple of**	ein paar ...
ßamm/efjuw	**some/a few**	einige
ekänef	**a can of**	eine Dose/Konserve
epäkef	**a pack of**	eine Schachtel (Zigaretten)
epäref	**a pair of**	ein Paar (Hose, Brille, Schere)
erowlef	**a roll of**	ein Röllchen (Film)
ebaddelef	**a bottle of**	eine Flasche (Shampoo)
etubef	**a tube of**	eine Tube (Zahnpasta)
ebokßef	**a box of**	eine Schachtel (Streichhölzer)

adhesive tape	ädhiesiv täjp	Klebeband
chapstick	tschäpßtik	Lippenpflegestift
cigarettes	ßigeretß	Zigaretten
condom	kondem	Kondom
deodorant	die | owderent	Deo
detergent	dietördschent	Waschmittel
diaper	deiper	Windel
envelope	änvelop	Briefumschlag
flipflops	flipflopß	Badelatschen
glue	gluw	Klebstoff
matches	mätscheß	Streichhölzer
mosquito repellent	moßkido riepällent	Mückenschutz-mittel
needle	niedl	Nadel
razor blade	räser bläjd	Rasierklinge
saline solution	ßälein ßoluschen	Kochsalz-lösung
sanitary napkin	ßännitäriej näpkin	(Damen)Binde
scissors	ßisers	Schere
shampoo	schämpuw	Shampoo
shoelace	schuläjß	Schnürsenkel
skin lotion	ßkin lowschen	Hautcreme
soap	ßowp	Seife
(sun)glasses	(ßan)gläßeß	(Sonnen)Brille
suntan lotion	ßanntän lowschen	Sonnencreme
tampon	tämpon	Tampon
thread	ðräd	Faden
tissue	tischu	Taschentuch
tobacco	tebäkow	Tabak
toothbrush	tuðbrasch	Zahnbürste
toothpaste	tuðpäjßt	Zahnpasta

with filter wið filter
mit Filter

with factor wið fäkter
mit Faktor

Sie brauchen noch Film für Ihre Kamera?

Farbfilm	**color print film**	kallerprint film
Schwarzweißfilm	**black & white film**	bläknweid film
Diafilm	**slide film**	ßleid film
24/36 Bilder	**24/36 exposures**	24/36 ikßpowschers
... ASA	**... ASA**	äj | äß | äj
Batterie	**battery**	bädderie

Lebensmittel einkaufen

Hier nenne ich nur die Lebensmittel, die nicht schon im Kapitel „Essen & Trinken" vorkamen. Diese Liste hilft Ihnen auch beim Verstehen der unzähligen Eissorten ice cream flavors eißkriem fläjvers, die es in den USA gibt.

frozen yogurt frowsn jegert *Jogurteis*

popsicle papßikl *Wassereis*

sherbet schörbet *Sorbet*

sundae ßanndäj *Eisbecher mit Soße*

Which flavor would you like?
witsch fläjver wudje leik
welchen Geschmack würdest du mögen
Welche Sorte möchten Sie?

Cup or cone?
kap or kown
Becher oder Hörnchen
Becher oder Waffel?

How many scoops?
hauw männie ßkuwpß
wie viele Löffel
Wie viel Bällchen?

With hot fudge?
wið hat fadsch
mit heiß Soße
Mit warmer Schokosoße?

Which topping?
witsch topping
welche Garnierung
Welche Streusel?

fruits & nuts	fruwtßnnatß	Früchte & Nüsse
almond	ämend	Mandarine
apple	äppl	Apfel
apricot	äprekat	Aprikose
banana	benänä	Banane
berry	bäriej	Beere
blueberry	bluwbäriej	Blaubeere
blackberry	bläkbäriej	Brombeere
Brazil nut	bresil nat	Paranuss
cashew	käschuw	Cashew
chocolate	tschaklet	Schokolade
cranberry	kränbäriej	Preiselbeere
cherry	tscheriej	Kirsche
grape	gräjp	Traube
grapefruit	gräjpfruwt	Pampelmuse
hazelnut	häjselnat	Haselnuss
hickory	hikeriej	Hickory-Nuss
lemon/lime	lämen/leim	Zitrone/Limone
macadamia	makedäjmieje	Makadamianuss
melon	mällen	Melone
orange	orensch	Apfelsine
peach	pietsch	Pfirsich
peanut	pienat	Erdnuss
pear	pär	Birne
pecan	piekän	Pecannuss
pineapple	peinäppl	Ananas
pistachio	pißtäschjo	Pistazie
plum	plamm	Pflaume
raspberry	räsbäriej	Himbeere
sprinkels	ßprinkels	Streusel
strawberry	ßtrowbäriej	Erdbeere
tangerine	tändscherien	Mandarine
walnut	wolnat	Walnuss

Hilfreich bei der Auswahl:

assorted eßordet
gemischt

butter bader
Butter-

candied kändied
kandiert

chunk tschank
Stück

cookies 'n cream
kukiesnkriem
mit Keksen, Sahne

glazed gläst
mit Zuckerguss

(honey) roasted
(hannie) rowßted
(Honig) geröstet

inshell inschäl
mit Schale (Nuss)

(un)salted (an)ßolted
(un)gesalzen

Souvenirs einkaufen

Zu den besten Mitbringseln aus den USA gehört sicherlich die Vielfalt an andersartigen Süßigkeiten, die hier hergestellt werden.

candy kändie Süßigkeiten

bridl	**brittle**	Karamelisiertes
kändie bar	**candy bar**	süßer Riegel
tschaklet bar	**chocolate bar**	Schokoriegel
gamm dropß	**gum drops**	Weingummi
dschällie biens	**jelly beans**	Gummi"bohnen"
likeriß	**licorice**	Lakritz
leifßäjver	**livesaver**	Pfefferminzbonbon, wörtl: Lebensretter
marschmällow	**marshmallow**	eine weiche Süßigkeit, die die Amerikaner über einem offenen Feuer rösten
ßolt woder täfiej	**salt water taffy**	Maissirup-Bonbons
howmmäjd	**homemade**	hausgemacht

jewelry dschuwelrie Schmuck

earring	iering	Ohrringe
necklace	näkleß	Kette
pendant	pändent	Anhänger
bracelet	bräjslet	Armband
ring	ring	Ring
pin	pin	Brosche
watch (band)	wotsch (bänd)	Uhr(enband)
brooch	browsch	Brosche

What's this made of?
wotß ðiß mäjdef
was'ist dies gemacht von
Woraus ist das?

gold	gowld	Gold
carat	käret	Karat
platinum	plätnem	Platin
silver	ßilver	Silber
sterling	ßtörling	Silber (925)
plated	pläjded	vergoldet/-silbert
diamond	deimend	Diamant, Brilliant
gem	dschäm	Edelstein
bead	bied	Perle
pearl	pörl	echte Perle
brass	bräß	Messing
copper	kopper	Kupfer
pewter	pjuter	Zinn
steel	ßtiel	Stahl
porcelain	powrßelen	Porzellan
stoneware	ßtownwär	Steingut
redware	rädwär	Terracotta
glass	gläß	Glas
plastic	pläßtik	Plastik
wood	wudd	Holz

Wenn Sie richtig typische amerikanische Souvenirs suchen, achten Sie auf alles, was sich Handarbeit nennt:

hand- händ- *hand-*
&
made mäjd *gemacht*
crafted kräfted *gearbeitet*
carved karvd *geschnitzt*
knitted nidded *gestrickt*
woven wowven *gewebt*

Sollte etwas kaputtgegangen sein, können Sie fragen, ob man Ihnen das reparieren kann:

This broke, can you fix it?
ðiß browk, kännje fikßitt
dies brach, kannst du reparieren es
Das ist kaputt, können Sie es reparieren?

crafts	kräftß	Handwerk

Ganz traditionelle Souvenirs finden Sie bei den Indianern.

bäßket	**basket**	Korb
bonnet	**bonnet**	Häuptlingsgefieder
bownärow	**bow & arrow**	Bogen und Pfeil
drams	**drums**	Trommel
fäjtisch (doll)	**fetish (doll)**	Fetisch (Puppe)
mokeßinß	**moccasins**	Wildlederschuhe
piespeip	**peace pipe**	Friedenspfeife
rag	**rug**	Teppich
ßänd päjnting	**(sand) painting**	(Sand) Bild
ßkall	**skull**	Schädel
ßpirit tschäßer	**spirit chaser**	Geisterfänger
tomehowk	**tomahawk**	Wurf-Axt der Indianer

Weitere traditionelle Souvenirs aus der Zeit der ersten Einwanderer finden Sie bei den Amish settlement ämisch ßätlment – Amisch-Siedlungen – in Ohio oder Pennsylvania. Sie haben bis heute eine recht „altmodische" Lebensart aufrechterhalten. Ein paar traditionelle und moderne Souvenirs aus Amerika:

christmas stocking	Weihnachtsstrumpf, an den Kamin hängen für Geschenke.	krißmeß ßtoking
baseball (bat/mitt)	Baseball (Schläger/ Fanghandschuh)	bäjßbol bät/mit
bull whip	Bullen-Peitsche	bullwip
cowboy hat/boots	Cowboy-Hut/Stiefel	kauwboi hät/buwtß
coffee mug	Kaffeebecher	kaffie mag
football	Fußball à la Amerika	futbal
hammock	Hängematte	hämmek
mailbox	Briefkasten	mäjlbokß
pottery	Keramik	podderiej
quilt	Steppdecke genäht in Patchwork-Technik	kwilt
refrigerator magnet	Kühlschrank-Magnet	refridscheräder mägnet
rocking chair	Schaukelstuhl	rowkin tschär
chaps	Cowboy-Lederhose	schäpß
spur (straps)	Spore (n-Schnalle)	ßpowr (ßträpß)
wheelbarrow	Holzschubkarre	chwielbärow
wooden toys	Holzspielzeug	wudden tois

Unterwegs

Damit Sie Land und Leute kennenlernen, müssen Sie große Entfernungen zurücklegen.

this area
ðiß ärieja
dieses Gebiet

downtown LA
dawntauwn äl | äj
Los Angeles Zentrum

the Bay Area
ðe bäj ärieja
Küste Kaliforniens

the Great Lakes
ðe gräjt läjkß
die Großen Seen

the Yellowstone Park
ðe jälowßtown park
der Yellowstone Park

the Grand Canyon
ðe grän känjen
der Grand Canyon

Key West
kiej wäßt
Key West (Florida)

I'd like a map of the city, please.
eid leike mäpef ðe ßiddie plies
ich'würde mögen eine Karte von die Stadt, bitte
Ich möchte gerne einen Stadtplan, bitte.

Wohin Sie auch wollen, Sie müssen sicherlich einmal nach dem Weg fragen:

Excuse me, how do I get to ... ?
ikßkjuws mie hauw duwei gätte ...
enschuldige mich wie tu ich kommen zu ...
Entschuldigung, wie komme ich zu ...?

Where can I find a car rental?
wär kännei feind ekar räntell
wo kann ich finden ein Auto Vermietung
Wo ist eine Autovermietung?

Straight down this road, ...
ßträjtdauwn ðiß rowd
geradeaus runter diese Straße
Geradeaus diese Straße herunter, ...

... then take a left/right at the intersection.
ðän täjk eläft/ereit ät ðie interßekschen
dann nehme ein links/rechts an der Kreuzung
... dann nach links/rechts an der Kreuzung.

How long does it take to get there?
hauw long dasitt täjkte gät ðär
wie lang tut es nehmen zu bekommen dort
Wie lange braucht man bis dort?

Can you show it to me on the map?
kännje schowit temie on ðe mäp
kannst du zeigen es zu mir auf die Karte
Können Sie mir das auf der Karte zeigen?

(on the) left	(onðe) läft	links (Seite)
(on the) right	(onðe) reit	rechts (Seite)
straight (ahead)	ßträjt(ehäd)	geradeaus
up	ap	(hin)auf
down	dauwn	herunter
at	ät	bei, an
from/to(ward)	fram/tu(word)	von/zu, bis
thru/through	ðru	durch
next to	näkßte	neben
close to	klowßte	in Nähe von
near(by)	nierbei	in der Nähe
far (away)	far(ewäj)	weit (weg)
(a bit) further	(ebit) förðer	(etwas) weiter
across	ekroß	(gegen)über
in front of	infrannef	vor
behind	bieheind	hinter
after	äfter	hinter, nach
back	bäk	zurück
under(neath)	anner(nieð)	unter
(cross) over	(kroß)owver	über(queren)
above	ebav	über, oben
inside	inßeid	innen
outside	auwtßeid	außen

Bei einer Wegbeschreibung wird gerne unterteilt in:

first ... then/next
förß ... ðän/näkß
zuerst ... dann/nächste

here ... there
hier ... ðär
hier ... dort

Das kombiniert mit einigen landmarks ländmarkß – Orientierungspunkten.

Bei Richtungsangaben verweist man auch gerne auf die Farbe eines Gebäudes, siehe im Kapitel „Shopping“.

Für „Straße“ gibt es viele Begriffe:
alley (Aly) älliej
avenue (Ave) ävenu
boulevard (Blvd) bulevar
court (Ct) kort *(Platz)*
drive (Dr) dreiv
lane (Ln) läjn
place (Pl) pläjß *(Platz)*
road (Rd) rowd
square (Sq) ßkwär *(Platz)*
street (St) ßtriet
way (Wy) wäj

big building	big billding	großes Gebäude
bridge	bridsch	Brücke
bus stop	baßtop	Bushaltestelle
cathedral	käðiedrel	Kathedrale
church	tschörtsch	Kirche
corner	korner	Ecke
crosswalk	kroßwok	Zebrastreifen
curve	körv	Kurve
dead end	dädännd	Sackgasse
detour	dietuwr	Umleitung
district	dißtrik	Bezirk
downtown	dauwntauwn	Innenstadt
exit	äkßitt	Ausfahrt
factory	fäkteriej	Fabrik
hill	hill	Hügel
hospital	hoßpidl	Krankenhaus
hotel	howtäll	Hotel
intersection	interßäkschen	Kreuzung
junction	dschankschen	Kreuzung
lights	leitß	Ampel
museum	mjusiejem	Museum
one-way street	wuanwäj ßtriet	Einbahnstraße
park	park	Park
parking	parking	Parkplatz
railroad tracks	räjlrowd träkß	Bahnschienen
sign	ßein	Schild
station	ßtäjschen	Bahnhof
tower	tauwer	Turm
turnpike	törnpeik	Mautstation
tunnel	tannel	Tunnel

Für Straßen, Himmelsrichtungen und Plätze gibt es Abkürzungen auf Karten. Die Stadtautobahn heißt expressway (Expwy) ikßpreßwäj, die Autobahn freeway (Fwy) friewäj, die Schnellstraße parkway (Pkwy) parkwäj, wenn die Straße über Wasser führt causeway (Cswy) kowswäj, Bundesstraßen, wie die berühmte Route 66 ruwt ßikßtie ßikß, heißen interstate (I) interßtäjt und - highway (Hwy) heiwäj.

Egal, ob Sie mit Flugzeug, Zug, Langstreckenbus oder Schiff verreisen wollen, dieses Vokabular gilt für alle:

Straßen werden oft in Abschnitte unterteilt:

N = North norð *Nord*
W = West wäßt *West*
S = South ßauwð *Süd*
E = East ießt *Ost*
Upper apper *oberer*
Lower lower *unterer*

Is there a bus/flight service to ...?
is ðäre bas/fleit ßörviß te
ist dort ein Bus/Flug Dienst zu
Gibt es einen Bus/Flug nach ...?

When is the next/last train to ...?
wännß ðe näkßd/läjßd träjn tuh
wann ist der nächste/letzte Zug nach
Wann geht der nächste/letzte Zug nach ...?

(Where) do I have to change trains/busses?
(wär) duwei hävte tschäjnsch träjns/baßeß
(wo) tue ich haben zu wechseln Züge/Busse
(Wo) muss ich umsteigen?

Can you tell me when we're there, please.
känje tälmie wänn wier ðär plies
kannst du erzählen mir wenn wir'sind da bitte
Können Sie mir Bescheid geben, wenn wir da sind, bitte?

How long does the trip/flight take?
hauw long das ðe trip/fleijt täjk
wie lang tut der Reise/Flug nehmen
Wie lange dauert die Reise/der Flug?

Man kann sein Gepäck in amerikanischen Langstreckenzügen wie am Flughafen aufgeben. Auch hier darf das Gepäck nicht schwerer als 75 lbs. sein! Mit dem Gepäckschein — claim check kläjm tschäk — *bekommt man es an der Gepäckausgabe innerhalb von 30 Min. nach Ankunft wieder.*

fare	fär	Ticketpreis
ticket	tikit	Fahr-/Flugschein
one-way	wuannwäj	einfache Fahrt
round-trip	rauwnd trip	hin- und zurück
reservation	räserväjschen	Reservierung
schedule	ßkädjell	Fahrplan
delayed	dieläjd	verspätet
destination	däßtenäjschen	Zielort
departure	diepartschr	Abfahrt
arrival	ereivl	Ankunft
connection	kenäkschen	Verbindung
check in	tschäkin	einchecken
boarding pass	bowrdin päß	Bordkarte
first/second class	förß/ßäknd kläß	erste/zweite Klasse
passenger	päßendscher	Passagier
reclining	riekleinin	verstellbar
window	window	Fenster
aisle	eil	Gang
seat	ßiet	Sitz
reserved	riesörvd	reserviert
on board	onbowrd	an Bord
non-smoking	nonßmowkin	Nicht-Raucher
occupied	okjepeid	besetzt (Toilette)
baggage claim	bägidsch kläjm	Gepäckausgabe
desk	däßk	Schalter

Is this seat taken?
iß ðiß ßiet täjkn
ist dieser Sitz besetzt
Ist hier frei?

How much is it to ...?
hauwmuch isitt te
wie viel ist es zu
Wie viel macht es nach...?

by bus & train bei bass & träjn mit Bus & Bahn

AMTRAK ämträk bietet überregionale Zugverbindungen an, und Greyhound gräjhauwnd ist eine bekannte Reisebusgesellschaft. Für Kurzstrecken gibt es Nahverkehrszüge, Straßenbahnen, U-Bahnen und Busse.

subway	ßabwäj	U-Bahn
cable car	käbl kar	Frisco-Straßenbahn
airtrain	ärträjn	Schwebebahn
platform	plätform	Plattform
track	träk	Gleis
sleeper	ßlieper	Schlafwagen
dining car	deinin kar	Speisewagen
auto train	adow träjn	Autowagen
terminal	törminel	Busbahnhof
bus stop	baßtop	Bushaltestelle
line	lein	Linie

Zur Benutzung der subway *in New York müssen Sie sich einen* token towkn *– Eintrittsmünze – oder die* Metrocard mätrowkard *(U-Bahn-Kreditkarte) kaufen.*

by taxi/cab bei täkßie/käb mit dem Taxi

To the airport/train station, please.
tuw ðie äjrpowrt/treijn ßtäjschen plies
zu der Flughafen/Zug Bahnhof bitte
Zum Flughafen/Bahnhof, bitte.

Es ist üblich, dem – cab driver käb dreiver *–Taxifahrer 15% des Fahrpreises als Trinkgeld zu geben.*

Es gibt auch besondere Taxis, wie die Limousine – limousine limosien *& das Pendeltaxi –* shuttle schatl.

Achten sie darauf, dass Ihr Taxi – metered miederd – mit Taxameter ausgestattet ist, dann haben Sie einen Überblick darüber, was Sie am Ende bezahlen müssen.

Could you stop here, please?
kudje ßtop hier plies
kannst du halten hier bitte
Bitte halten Sie hier an.

by plane bei pläjn mit dem Flugzeug

ärport	**airport**	Flughafen
törminel	**terminal**	Halle
gäjt	**gate**	„Tor“
fleit namber	**flight number**	Flugnummer
iekanemiej	**economy (class)**	Touristen(klasse)
bisniß	**business (class)**	Geschäfts(klasse)
ie | tikit	**e-ticket**	elektronisches Ticket
käriejon bägedsch	**carry-on baggage**	Handgepäck
kanförm	**confirm**	bestätigen (Flug)
känßell	**cancel**	stornieren
fleitetänndend	**flight attendant**	Steward(ess)
friekwent fleijer	**frequent flyer**	Vielflieger
apgräjd	**upgrade**	„Aufwertung“, z.B. business statt economy
är ßikneß bäg	**air sickness bag**	Kotztüte

Do you have anything to declare?
dje häv ännieðing tedieklär
tust du haben irgendetwas zu verzollen
Haben sie etwas zu verzollen?

Open the suitcase/bag, please.
owpen ðe ßutkäjß plies
öffnen den Koffer/Tasche bitte
Öffnen Sie den Koffer/die Tasche, bitte.

by boat/ship bei bowt/schip mit dem Schiff

cabin	käbin	Kabine
deck	däk	Deck
lifeboat	leifbowt	Rettungsboot
life jacket	leif dschäkit	Schwimmweste
pier	piejr	Landesteg
port/harbor	powrt/harber	Hafen
sea sick	ßiejßik	seekrank

Einige Bootarten:
ferry färiej
Fähre
hydrofoil heidrefoil
Tragflächenboot
hovercraft haverkräft
Luftkissenboot
sailboat ßäjlbowt
Segelschiff
steamboat ßtiembowt
Dampfschiff
yacht jawt
Yacht

How long does the cruise/crossing take?
hauw long das ðe krus/kroßin täjk
wie lange tut die Fahrt/Überfahrt nehmen
Wie lange dauert die Fahrt/Überfahrt?

car rental kar räntl Autovermietung

Wenn Sie über 25 Jahre alt sind, eine Kreditkarte besitzen und einen internationalen Führerschein mitgebracht haben, können Sie in den USA ein Fahrzeug mieten.

Amerikaner können mit 16 Jahren Ihren Führerschein — driver's license dreivers leißenß — *machen, in NY erst ab 18.*

I'd like to rent a ... /an automatic.
eid leikte ränte ... /enodowmädik)
ich'würde mögen zu mieten ein ... /ein Automatik
Ich möchte einen ... /Automatikauto mieten.

Im Flugzeug und im Auto heißt es: fasten your seat belt fäßn jer ßietbält *oder salopper:* buckle up bakelap *– Schnallen Sie sich an!*

car/vehicle	kar/viehikl	Auto/Wagen
sedan	sedän	Vier-Türer
convertible	konvördebel	Cabrio
four wheel drive	forwiel dreiv	Geländewagen
station wagon	ßtäjschen wägn	Kombi
limo	limow	Limousine
motorcycle	mowderßeikl	Motorrad
bike	beik	(Motor)Rad
RV (recreational vehicle)	ar | vie (riekriej-äschenel viehikl)	Wohnmobil/-wagen
pickup (truck)	pikap trak	Minilaster
truck	trak	LKW

How many miles are included in the price?
hauw männie meils ar inkluded in ðe preis
wie viele Meilen sind inbegriffen in dem Preis
Wie viel Meilen sind im Preis inbegriffen?

Is full comprehensive insurance included?
is ful kompriehännßiv inschurenß inkluded
ist voll umfassend Versicherung inbegriffen
Ist eine Vollkaskoversichung enthalten?

Rechts vor links gibt es nicht. Ist keine Vorfahrtsstraße ausgeschildert, muss jeder anhalten (meist stehen dort Stoppschilder) und derjenige, der als erstes da war, darf auch als erstes wieder losfahren.

Die Geschwindigkeit misst man in Meilen pro Stunde: mph meils perauwer. Auf den rechteckigen Schildern mit Geschwindigkeitsbegrenzungen steht speed limit ßpiedlimmit oder reduce speed reduß ßpied:

30-35 mph	in Ortschaften (48-56 km/h)
35-45 mph	auf Nebenstraßen (56-72 km/h)
55 mph	auf highways (88 km/h)
65 mph	auf Interstates (104 km/h)

Das Schild radar control räjder kontrowl warnt vor Radarkontrollen. Mautstraßen – toll road tol rowd – gibt es vor allem in Neu-England. Am turnpike törnpeik – der Mautstation – muss man bezahlen.

pay toll ahead päjtol ehäd	Achtung Mautstelle!
exact change iksäkt tschäjndsch	passendes Kleingeld bereithalten
change given tschäjndsch givn	Wechselgeld wird gegeben

Generell ist right turn on red reitt törn onn rädd – *rechts abbiegen bei roter Ampel – erlaubt, außer es ist explizit verboten.*

Auf der Suche nach einem Parkplatz sollte man Ausschau halten nach: parking lot/garage parkin lot/gerasch

gas station gäß ßtäschn Tankstelle

Auch an der Tanksäule misst man in den USA mit anderen Maßen, nämlich pro gallon (gal) gälen; 1 gallon sind 3,79 Liter. Öl misst man in quart (qt) kwort; 1 quart sind 0,94 Liter.

Fill it up, please.
fillidap plies
füllen es auf bitte
Bitte volltanken.

I need 1 quart of oil.
ei nied wuann kwordef oil
ich brauche 1 Quart von Öl
Ich brauche 1 Quart Öl.

Could you check oil/water/tire pressure, please?
kudje tschäk oil/woder/teir präscher plies
könntest du prüfen Öl/Wasser/Reifendruck bitte
Können Sie bitte mal nach dem Öl/Wasser/Reifendruck sehen?

Das amerikanische Schild für „Vorfahrt gewähren" sieht so aus, wie in Europa, es steht zusätzlich yield jield *darauf.*

caution kowschen = *„Achtung!"*

danger däjndscher = *„Gefahr!"*

no entry now äntriej = *„Keine Einfahrt!"*

ped-xing päd kroßing = *„Achtung*

Zebrastreifen!"

What fuel does it take?
wad fjul dasitt täjk
was Kraftstoff tut es nehmen
Was tankt das Fahrzeug?

unleaded	anlädded	bleifrei
regular	rägjeler	87 Oktan Benzin
midgrade	midgräjd	89 Oktan Benzin
premium	priemjem	91 Oktan Benzin
super	super	Super (91 Oktan)
diesel	diesl	Diesel

breakdown bräjk dauwn Panne

Wenn Sie mit dem Wagen liegen geblieben sind, sollten Sie sich um einen tow truck tow trak kümmern, der Sie zur nächsten Werkstatt – repair shop riepär schop – abschleppt.

I've got a flat tire/dead battery.
eiv gadde flät teir/dääd bäderiej
ich'habe bekam ein flach Reifen/leere Batterie
Ich habe einen Platten/leere Batterie.

The ... is broken / won't work.
ðe ... is browkn / wownt wörk
der/die/das ... ist kaputt / will-n'icht arbeiten
Der ... ist kaputt / funktioniert nicht.

Can you fix it?
känje fikßitt
kannst du reparieren es
Können Sie das reparieren?

accelerator	ikßäleräjder	Gaspedal
battery	bäderie	Batterie
brakes	bräjkß	Bremsen
bumper	bamper	Stoßstange
clutch	klatsch	Kupplung
fan belt	fän bält	Keilriemen
first gear	förßgier	erster Gang
gearshift	gierschift	Schaltknüppel
headlights	häd leitß	Scheinwerfer
hood	hudd	Motorhaube
motor	mowder	Motor
muffler	maffler	Auspuff
neutral	nutrel	kein Gang
radiator	räjdiejäder	Kühler
reverse	rievörß	Rückwärtsgang
shift	schift	schalten
tail light	täjlleit	Rücklicht
tire/wheel	teir/wiel	Reifen/Rad
transmission	tränßmischn	Getriebe
trunk	trank	Kofferraum
wipers	weipers	Scheibenwischer

Wichtig bei Reisen im Sommer ist die Klimaanlage:
air conditioning (AC)
ärkendischening (äj | siej)

Vielleicht möchten Sie aber auch erst einmal Vorbeifahrende um Hilfe bitten:

Die Telefonnummer für Notfälle ist 911; es sei denn, auf den Straßenschildern ist explizit eine andere angegeben.

Hi. Thanks for stopping. My car broke down.
hei ðängs for ßtopin mei kar browkdown
hallo danke für anhaltend mein Auto gebrochen herunter
Hallo. Danke für's Anhalten. Mein Auto ist liegengeblieben.

Do you have jumper cables?
dje häv dschamper käjbls
tust du haben Springer Kabel(Mz.)
Haben Sie ein Startkabel?

flashlight	fläschleit	Taschenlampe
fuse	fjus	Sicherung
pliers	pleijers	Zange
pry	preij	Wagenheber
screwdriver	ßkruwdreivr	Schraubenzieher
spare part	ßpär part	Ersatzteil
spark plug	ßparkplag	Zündkerze
tool	tuls	Werkzeug
water	woder	Wasser
wrench	ränsch	Schraubenschlüssel

by bike/bicycle bei beijk/beißikl mit dem Rad

Wenn Sie viel Zeit mitgebracht haben und Sie sich mit dem Fahrrad durch die Staaten bewegen oder auch nur eines gemietet haben, noch ein wenig Vokabular dazu:

brake	bräjk	Bremse
chain	tschäjn	Kette
gearshift lever	gierschift läver	Schalthebel
handlebars	händlbars	Lenker
luggage racks	laggidsch räkß	Gepäckträger
mudguard	madgard	Schutzblech
pannier	pännier	Packtasche
pedal	päddl	Pedal
saddle	ßäddl	Sattel
spoke	ßpowk	Speiche
tire repair kit	teir riepär kitt	Flickzeug
tube	tub	Schlauch
valve	välv	Ventil

accident äkßident Unfall

Falls es zu diesem unangenehmen Fall kommen sollte, die passenden Wendungen:

Zur ärztlichen Versorgung finden Sie mehr im Kapitel „Apotheke & Arzt".

I had an accident.
ei häden äkßiedent
ich hatte ein Unfall
Ich hatte einen Unfall.

Nobody's injured.
nowbadies injörd
niemand'ist verletzt
Keiner ist verletzt.

Please call an ambulance!
plies kowl enämbjelenß
bitte rufen ein Krankenwagen
Rufen Sie bitte einen Krankenwagen!

Please help me!
plies hälp mie
bitte helfen mir
Bitte helfen Sie mir!

Übernachten

Im allgemeinen sind Zimmer in den USA standardmäßig mit einem Doppelbett ausgestattet. Der Preis gilt pro Zimmer, egal wie viele darin übernachten. Wenn Sie ein Schild sehen mit der Aufschrift **no vacancy** now väkensie, ist kein Zimmer mehr frei.

hotel	howtäll	Hotel
motel	mowtäll	„Autobahn"-Hotel
inn	inn	kleines Hotel
lodge	lowdsch	kleines Hotel; Hütte
cabin	käbin	Hütte
bungalow	bengelow	Bungalow, Hütte
cottage	katidsch	Ferienhaus
guesthouse	gäßthauwß	Gästehaus
(youth) hostel	(juð) hoßtl	(Jugend)Herberge
bed & breakfast	bädnbräk-feßt	Gästehaus mit „Kost und Logis"
camp site	kämp seit	Campingplatz
resort	riesort	Ferienanlage
apartment	epartment	Wohnung
suite	ßwiet	Wohnung; auch: Hotelsuite
farm	farm	Farm („Bauernhof")
ranch	ränsch	Ranch (siehe farm)

I'd like a room with ... , please.
eid leike ruhm wið ... plies
ich'würde mögen ein Zimmer mit ... bitte
Ich hätte gern ein Zimmer mit ..., bitte.

a double bed	e dablbäd	*Doppelbett*
a twin size bed	e twinseis bäd	*1 x 2m breites Bett*
a queen size bed	e kwienseis bäd	*1,5 x 2,2m Doppelbett*
a king size bed	e kingseis bäd	*1,9 x 2,2m Doppelbett*
water bed	e woder bäd	*Wasserbett*
air-con/a fan	ärkon/e fän	*Klimaanlage/Ventilator*
a shower/bathtub	e schauwer/bäðtab	*Dusche/Badewanne*
a jacuzzi/whirlpool	e dschekuwsie/wörlpuwl	*Whirlpool*

Can I see the room please?
kännei sie ðe ruwm plies
kann ich sehen das Zimmer bitte
Kann ich bitte das Zimmer sehen?

It's too small. Do you have a bigger one?
itß tuw ßmol dje häve bigger wuann
es'ist zu klein tust du haben ein größer ein
Es ist zu klein. Haben Sie ein größeres?

Is breakfast included?
is bräkfeßt inkludid
ist Frühstück inbegriffen
Ist Frühstück im Preis inbegriffen?

We serve a free continental breakfast.
wie ßörve frie kantinäntl bräkfeßt
wir servieren ein frei kontinentales Frühstück
Sie bekommen ein Frühstück umsonst.

What are your rates (for ...)?
wodar jer räjtß (for)
was sind deine Raten für
Wie viel kosten die Zimmer (für/pro ...)?

big – smaller
big – ßmoler
groß – kleiner

expensive
– less expensive
ikßpänßiv – läß ikßpänßiv
teuer – billiger

far-off – closer
faref – klowser
weit weg – näher

drei Nächte/eine Woche	**3 nights/a week**	ðrie neitß/e wiek
ein Auto mit Wohnwagen	**a car with trailer**	e kar wið trailer
ein Wohnmobil	**a motorhome**	e modorhowm
Mini-Wohnmobil	**a truck camper**	e trak kämper
ein Zelt	**a tent**	e tänt
ein Motorrad	**a motorcycle**	e moderßeikl
zwei Personen	**two people**	tuw piepl
Waschen	**laundry service**	londrie ßörviß

Please fill out this registration form.
plies fillauwt ðiß rädschißträjschen form
bitte füllen aus diese Registrierung Formular
Bitte füllen Sie das Anmeldeformular aus.

Das steht auf dem Formular:

single/double	ßin | gl/dabl	*Einzel/Doppel*
guest name	gäßt näjm	*Name des Gastes*
address	ädreß	*Adresse*
city/state	ßidie/ßtäjt	*Stadt/Bundesstaat*
zip code	sipkowd	*Postleitzahl*
country	kantrie	*Land*
arrival/departure date	ereivl/diepartscher däjt	*Ankunft-/Abreisedatum*
number of nights	namberef neitß	*Zahl der Nächte*
credit card name	kräditkard näjm	*Kreditkartenhalter*
credit card type	kräditkard teip	*Kreditkartentyp*
credit card number	kräditkard namber	*Kreditkartennummer*
expiration date	äkßperäjschen däjt	*Gültigkeitsdatum*
signature	ßignetscher	*Unterschrift*

We're leaving. I'd like to pay, please.
wier lievin eid leikte päj plies
wir'sind gehend ich'würde mögen zu zahlen, bitte
Wir reisen ab. Ich möchte gern zahlen, bitte.

Übrigens: Dem bell staff bäl ßtäf *gibt man pro getragenes Kofferstück $1-2!*

Wenn Sie allerdings eine Beschwerde haben, etwas suchen oder noch brauchen:

The ... is missing/broken/dripping.
ðe ... is mißin/browken/dripin
das ... ist fehlend/gebrochen/tropfend
Das fehlt/ist kaputt/ist leck.

Do you have ...
dje häv
tust du haben
Haben Sie ...?

I need (an additional) ...
ei nied (enedischenel)
ich brauche (ein zusätzlich)
Ich brauche (ein Extra-) ...

Es empfiehlt sich, für Ihren Rasieraparat oder Fön bereits in Europa einen Adapter — adapter edäpter — *zu besorgen. Es gibt dort nur Steckdosen für zwei flache Stifte. Die Normspannung in den USA beträgt 110 V bei 60 Hz —also nicht wundern, wenn Ihr Radiowecker von Zuhause nicht ganz richtig tickt.*

comforter	kamforder	Daunendecke
quilt	kwilt	Überdecke
pillow	pillow	Kissen
sheet	schiet	Bettlaken
blanket	blänkit	Wolldecke
towel	tauwl	Handtuch
heating	hieding	Heizung
light (bulb)	leit (balb)	Lampe (Birne)
refrigerator	refridscheräjder	Kühlschrank
TV	tieviej	Fernseher
ashtray	äschträj	Aschenbecher
key	kiej	Schlüssel
safe	ßäjf	Safe
elevator	äleväjder	Aufzug
stairs	ßtärs	Treppe
restroom	räßtruwm	Toilette
toilet tissue	toilet tischu	Toilettenpapier
garbage can	garbidsch kän	Mülleimer
soap	ßowp	Seife
shampoo	schämpuw	Schampoo
(hot) water	(hat) woder	(warm) Wasser
faucet	fowßet	Wasserhahn
sink	ßink	Waschbecken
swimming pool	ßwimin puwl	Schwimmbad
room service	ruwm ßörviß	Zimmerservice
dining room	deinin ruwm	Speisesaal

Auf dem Campingplatz und der Hütte brauchen Sie noch andere Dinge. Vergessen Sie nicht, wie wichtig es ist, alle Lebensmittel in hermetisch geschlossene Behälter zu verpacken, wenn Sie sich in Nationalparks, in der freien Natur aufhalten! Bären und andere

Tiere riechen Lebensmittel Meilen gegen den Wind und werden Sie nicht in Ruhe lassen!

bearproof trash can	bärpruwv träsch kän	*bärensicherer Mülleimer*
can opener	kän owpener	*Büchsenöffner*
charcoal	tscharkowl	*Holzkohle*
cooler	kuwler	*Kühlbox*
electricity	iläktrißediej	*Strom*
firestarter	feijerßtarder	*Holzanzünder*
firewood	feijerwud	*Feuerholz*
flashlight	fläschleit	*Taschenlampe*
food container	fuwd kontäjner	*Lebensmittelbehälter*
fork	fork	*Gabel*
gas	gäß	*Gas*
(Swiss army) knife	(ßwiß armie) neif	*(Schweizer-) Messer*
lantern	läntern	*Laterne*
lighter	leider	*Feuerzeug*
matches	mätschiß	*Streichhölzer*
mattress	mätreß	*Matratze*
mug	mag	*Tasse*
pan	pän	*Pfanne/Topf*
plate	pläjt	*Teller*
rope	rowp	*Seil*
shade canopy	schäjd kännepie	*Schattensegel*
sleeping bag	ßliepinbäg	*Schlafsack*
spoon	ßpuwn	*Hering*
stove (with fuel)	ßtav (wið fjul)	*Löffel*
tent peg	tänt päg	*Kocher (mit Benzin)*
waste water dump	wäjßtwoder damp	*Abwasser*
water bottle	woder boddel	*Trinkflasche*

Kultur & Entertainment

Bei der tourist information turißt infermäjschen hilft man Ihnen sicher gern weiter.

Do you have a schedule of events?
dje häve ßkädjellef ieväntß
tust du haben ein Zeitplan von Veranstaltungen
Haben Sie einen Veranstaltungskalender?

What's on at the ... tomorrow?
wadßon ätðe ... temmorow
was'ist an bei das ... morgen
Welche(-s/-n) ... läuft/zeigen sie morgen?

Eines der berühmtesten Konzertgebäude ist die Carnegy Hall karnegie howl *in New York. Wenn man als Musiker dort einmal aufgetreten ist, hat man es geschafft.*

movie theater	muwvie ðie | edr	Kino
theater	ðie | ädr	Theater
concert hall	kanßert howl	Philharmonie
club	klab	Klub
box office	bakßaffiß	Kartenkasse
entrance	intränß	Eingang
exit	äkßitt	Ausgang
balcony/tier	bälkeniej/tier	Rang
box	bakß	Loge
parquet	parkäj	Parkett
stage	ßtäjdsch	Bühne
checkroom	tschäkruwm	Garderobe

I'd like two tickets for tonight.
eid leik tuw tikitß for tuneit
ich'würde mögen zwei Karten für heute-Abend
Zwei Eintrittskarten für heute Abend, bitte.

Sorry, it's sold out.
ßorie itß ßold auwt
entschuldigung, es'ist verkauft aus
Es ist leider ausverkauft.

Can I reserve tickets for Saturday?
kännei riesörv tikitß for ßädderdäj
kann ich reservieren Karten für Samstag
Kann ich Karten für Samstag reservieren?

When does the ... start?
wänn das ðe ... ßtart
wann tut der/die/das ... anfangen
Wann fängt ... an?

movie	muwvie	Film
play	pläj	Theaterstück
concert	konßert	Konzert
show	schow	Vorführung
open air	owpenäjr	Freiluft-
musical	mjusikel	Musical
jazz/blues	dschäs	Jazz/Bluesmusik
country	kanntriej	Countrymusik
classical music	kläßikel mjusik	Klassische Musik
ballet	bäläj	Ballett
opera	opra	Oper
cabaret	käberäj	Kabarett
comedy	kamediej	Komisches Theater
festival	fäßtivel	Festival
parade	peräjd	Straßenumzug
fair	fär	Jahrmarkt

Beim Kino erfährt man, ab welchem Alter man in welchen Film darf:

rated ... räjded
gewertet ...

G dschie
für alle Zuschauer

PG pie | dschiej
in Beleitung von Erwachsenen

PG-13 pie | dschiej ðördien
manche Szenen sind nicht für Kinder unter 13 Jahren geeignet

R ar
Kinder unter 17 Jahren müssen von Erwachsenen begleitet werden

NC-17 än | sie ßäwentien
Erst ab 18 Jahre

When does the museum open?
wänn das ðe mjusiejem owpen
wann tut das Museum öffnen
Wann ist das Museum geöffnet?

museum of ...
mjusiejem ef ...
Museum der ...

natural history
nätschrel hißterie
Naturkunde

modern art
modern art
Modernen Kunst

contemporary art
kentämperärie art
Zeitgenössischen Kunst

gallery	gäleriej	Galerie
exhibition	äkßibischen	Ausstellung
library	leibreriej	Bibliothek
monument	monnjement	Denkmal
memorial	memowriejel	Gedenkstätte
skyscraper	ßkeißkräjper	Wolkenkratzer
house	hauwß	Haus
building	billdin	Gebäude
mansion	mänschen	Herrenhaus
cemetery	ßämmetärie	Friedhof
grave/tomb	gräjv/tuwm	Grab
harbor/pier	harber/pier	Hafen/Pier
lighthouse	leit hauwß	Leuchtturm
dam	däm	Damm
church	tschörtsch	Kirche
cathedral	käðiedrel	Kathedrale
chapel	tschäpl	Kapelle
convent	konvent	Kloster
colonial style	kolownjel ßteil	Kolonialstil
historic site	hißtorik ßeit	historischer Ort
garden/park	garden/park	Garten/Park
shuttle launch	schadl lonsch	Raumfähren-Start (Florida)

Which are the major attractions?
witsch ar ðe mädscher eträkschens
welche sind die Haupt- Attraktionen
Was sind die Hauptsehenswürdigkeiten?

gambling gämlin Glücksspiel

Wenn Sie Ihr Geld nicht schon beim Einkauf verprasst haben, könnten Sie es hier vermehren. Aber setzen Sie immer nur soviel, wie Sie sich zu verlieren leisten können – so lautet der Rat der Stadt Las Vegas!

baccarat	bakera	Baccarat-Kartenspiel
bet	bät	Wette
blackjack	bläkdschäk	Kartenspiel, auch 21 Blackjack genannt
casino	keßienow	Kasino
chip	tschip	Kasinogeld
craps	kräpß	ein Kartenspiel wie Blackjack
dealer	dieler	Kartengeber
horse race	horß räjß	Pferderennen
keno	kienow	eine Art Lotto
poker	powker	Poker-Kartenspiel
pool	puwl	Billard
roulette	ruwlät	Spiel m. Rad + Kugel
writer	reider	Aufschreiber (Keno)

Wenn man beim Poker gewinnt, gibt man dem dealer *einen* chip *als Trinkgeld oder platziert eine Wette für ihn.*

Beim keno *gibt man dem* writer *pro Gewinn $1.*

Auch beliebt:
slot machine
ßlatmeschien
Einarmiger Bandit

I'd like to place a bet on ...
eid leikte pläjß ebät on
ich'würde mögen zu platzieren eine Wette auf
Ich würde gerne eine Wette auf ... platzieren.

$50 on red, please.
fiffty dolers on räd plies
Dollar 50 auf rot bitte
50 Dollar auf Rot, bitte.

sports ßportß Sport

Ein Muss ist der Besuch bei einem Spiel der beiden typisch amerikanischen Sportarten. Wenn Sie nicht zufällig zu den World Series wörld ßieries – die Baseball-Welt-Meisterschaft – oder zum Super Bowl super bowl – dem Endspiel der US-Meisterschaft – in den USA sind, gibt es jederzeit wichtige Spiele der Universitätsmannschaften gegeneinander.

Bei jedem Sportereignis in den USA werden Sie auch auf cheerleaders tschierliederß – die „Anfeuer-Führer“ – treffen, eine Gruppe junger Mädchen, die mit Teamschlachtrufen, akrobatischen Kunststückchen und bunten pom poms die Stimmung aufheizt.

pom poms pomponß *sind dichte bunte Plastikstreifen-Knäuel. Jeder* cheerleader *hat in jeder Hand einen.*

baseball bäjßbol Baseball

Auf dem Feld – einem Viertelkreis – treten zwei Mannschaften mit je 9 Spielern gegeneinander an. Sie spielen abwechselnd in der Offensive (Schlagmannschaft) und in der Defensive (Feldmannschaft). Es gewinnt die Mannschaft, die mehr Punkte – runs rans – erzielt. Der batter bäter (Schlagmann) schägt den Ball mit dem bat bät ins Spielfeld und läuft zum ersten base bäjß (Basis). Durch weitere strikes ßtreikß (Schläge) der Mitspieler ins Spielfeld versucht der Läufer, alle vier bases zu umrunden und somit einen run zu erzielen. Alles andere erfahren Sie, wenn Sie zu einem Spiel gehen.

Die wichtigsten Spieler beim baseball:
pitcher pitscher *Werfer*
catcher kätscher *Fänger*
baseman bäjßmän *„Basis“-Mann.*

Are you going to the game/match tonight?
arje gowin tuw ðe gäjm/mätsch teneit
bist du gehend zu das Spiel/Wettkampf heute-Abend
Gehst du heute Abend zu dem Spiel?

Could you explain the game to me, please?
kuddje ikßpläjn ðe gäjm tuw mie plies
könntest du erklären das Spiel zu mir bitte
Könnten Sie mir bitte das Spiel erklären?

football futbol Amerikanischer Fußball

Der quarterback kworderbäk, so etwas wie der Mannschaftskapitän, der seinem Team die Anweisungen für die Spielstrategien gibt, ist schon zu Schulzeiten der Frauenschwarm. Football-Spieler sind die „harten" Männer. Es ist ja auch ein raues Spiel, in dem die Spieler von oben bis unten in einer „Rüstung" stecken. Es treten jeweils 11 Spieler auf einem in Querlinien unterteilten Feld gegeneinander an. Im Grunde geht es bei dem Spiel „nur" darum, den eiförmigen Ball so weit wie möglich in die Hälfte der Verteidiger zurück zu befördern. Dazu hat man nach dem kick-off kikoff (Anstoß) 4 Versuche (downs daunws), um 10 Yards zu überbrücken. Ein Versuch endet, wenn der Ball den Boden berührt (Pass-Spiel) oder der Ballträger zu Boden geworfen wurde (Laufspiel). Passiert dies in der gegnerischen Endzone, wurde ein touchdown tatschdauwn erzielt, der mit 6 Punkten belohnt wird.

Ein professionelles Footballspiel dauert 4x ein quarter *kworder – Viertelstunde. Nach den ersten beiden* quarters *ist Halbzeit, in der es Musikauftritte von bekannten Musikstars wie Michael Jackson gibt.*

dancing dänßin Tanzen

Falls Sie zu den Menschen gehören, die sich gerne zum Tanzen ins Getümmel begeben, stelle ich Ihnen hier die verschiedensten Arten vor, dieser Lust in den USA nachzugehen.

bol	**ball**	Ball. Hier ist ballroom dancing gefragt
bolruwm dänßin	**ballroom dancing**	Standardtanz, meist in formeller Kleidung
klab	**club**	Hier gibt es je nach Klub House, R 'n B, Soul, etc.
kanntrie	**country club**	Hier ist Western-Musik und line/square dancing angesagt, oder aber ein Elite-Club der feinen Gesellschaft
dänßflor	**dancefloor**	Tanzfläche
dißkow	**disco**	älteres Wort für club
hankie tank	**honky tonk**	Lokal mit Country/Western
lein dänßin	**linedance**	Gruppentanz in Reihen-Formation (in honky tonks)
neitklab	**nightclub**	kein Striptease-Lokal, sondern nur eine Bar, die nachts noch auf hat
ßlow dänß	**slowdance**	enges Tanzen zu langsamer Musik
ßkwär dänß	**squaredance**	Gruppentanz in Viereck-Formation (in honky tonks)
ßtäp dänß	**stepdance**	Irischer Tanz, wird am St. Patrick's Day getanzt
ßwing dänß	**swingdance**	Swing – Ihre Schuhe müssen rutschen können

Which type of music do they play there?
witsch teipef mjusik duw ðäj pläj ðär
welche Art von Musik tun sie spielen dort
Welche Art von Musik läuft da?

It ranges from rock 'n roll to funk.
it räjndscheß framm raknrowl tefank
es rangiert von Rock 'n Roll bis Funk
Alles zwischen Rock 'n Roll und Funk.

Die Etikette in einem honky tonk ist typisch für das traditionelle Amerika. Sie sollten immer die Begleitung der Dame fragen, ob Sie auch einen Tanz mit ihr wagen dürfen:

Do you mind if I dance with this lady?
dje meind iffei dänß wið ðiß läjdiej
tust du stören wenn ich tanze mit diese Dame
Stört es Sie, wenn ich mal mit dieser Dame tanze?

Oder wenn sie allein dort ist und Sie einfach Gesellschaft suchen:

May I buy you a drink?
mäjei beij juh e drink
darf ich kaufen dir ein Getränk
Darf ich Ihnen einen Drink anbieten?

Dem bartender bartänder *— Barmann — sollten Sie pro Runde $1-$2 Trinkgeld geben.*

Would you like to dance?
wudje leikte dänß
würdest du mögen zu tanzen
Darf ich Sie zum Tanz auffordern?

wild west weild wäßt Wilder Westen

Eine andere Art von Vergnügen sind die Arenen oder historischen Forts, in denen der Wilde Westen nachgespielt wird:

When's the next showing/performance?
wäns ðe näkß schowin/pörfowrmenß
wann'ist die nächste Vorstellung
Wann ist die nächste Vorstellung?

bronc riding	brangk reidin	Reiten von unzugerittenen Pferden
bullfighter	bullfeider	Stierkämpfer
bull riding	bull reidin	Bullenreiten
calf roping	käf rowpin	Kälberfangen
chuckwagon	tschakwägen	Planwagen
cowboy	kauwboi	Kuhhirte
cowgirl	kauwgörl	Kuhhirtin
fort(ress)	fort(reß)	Festung
ghost town	gowßtauwn	Geisterstadt
gold nugget	gowld naggit	Goldklumpen
gun fight	gann feijt	Schießerei
mining town	meinin tauwn	Minenstadt
rodeo	rowdiejow	Cowboy-Wettkampf
ranch	ränsch	Ranch
ruins	ruwins	Ruine
saloon	ßäluwn	Bar im Westen
stock show	ßtokschow	Viehmarkt
steer fight	ßtier feijt	Stierkampf
wash gold	wosch gowld	Gold waschen

Im Wilden Westen stoßen Sie natürlich auch überall auf die Native Americans näjtiv emmärikens – die Indianer. Die meisten leben heute in reservations räserväjschens – Reservaten. Wenn Sie einem Reservat oder einem pueblo pwäblow – einer Siedlung in Neu-Mexiko – einen Besuch abstatten wollen, sollten Sie Folgendes beachten: Machen Sie keine Fotos von Personen, ohne diese gefragt zu haben. Machen Sie nie Fotos bei Tänzen oder Zeremonien. Vergessen Sie nicht, dass dies traditionelle Anlässe sind! Nehmen Sie keinen Alkohol mit auf indianisches Land! Halten Sie sich an diese Regeln und bringen den Menschen dort Respekt entgegen, wird es sicherlich ein interessanter Aufenthalt. Welche interessanten Dinge man bei den Indianern auch als Souvenir kaufen kann, wurde schon im Kapitel „Shopping" vorgestellt. Aber das ist sehenswert:

Die bekanntesten Indianerstämme:

Apache epatschiej
Cherokee tschärekiej
Cheyenne schi | änn
Comanche kemäntschie
Hopi howpiej
Iroquois irekwo | i
Mohican mowhieken
Navajo nävehow
Pawnee powniej
Shoshone scheschowniej
Sioux ßuw
Zuni suniej

cliff dwelling	Fels-Behausung	kliff dwälling
grand entry	„Großer Eingang": Beginn eines powwow mit Tänzen	gränäntriej
murals	Wandmalereien	mjurals
petroglyph	Felsmalerei	pätrowglüf
powwow	Zusammenkunft mehrerer Stämme im Frühling	pauwauw
story telling	Geschichten erzählen	ßtorietällin
tepee	Indianerzelt (spitz, hoch)	tipiej
totem pole	Totempfahl	towtem powl
tribal dance	Stammestanz	treibel dänß
wigwam	Indianerzelt (rund, flach)	wigwäm

Natur erleben

Im National Park näschnel park können Sie dies alles self-guided ßälfgeidid – auf eigene Faust – oder mit einem Führer unternehmen:

börd walk	**bird walk**	Vogelwanderung
bowt kruws	**boat cruise**	Bootsfahrt
kenuwin/kajakin	**canoeing/kayaking**	Kanu-/Kajakfahren
käriejedsch reid	**carriage ride**	Planwagen-Fahrt
kroßkantrie ßkiejin	**cross-country skiing**	Langlaufskifahren
dagmuschin	**dog mushing**	Hundeschlittenfahrt
fischin	**fishing**	Fischen
hälißkiejin	**heli-skiing**	Helikopter-Skifahren
heikin	**hiking**	Bergwanderung
harßbäkreidin	**horseback riding**	Pferdereiten
hantin	**hunting**	Jagd
eißkäjtin	**ice-skating**	Schlittschuhlaufen
lävaflow träjl	**lava flow trail**	Lavafluss-Wanderung
mauwntenierin	**mountaineering**	Bergsteigen
rokleimin	**rock climbing**	Klettern
ßäjlin	**sailing**	Segeln
ßkubedeivin	**scuba diving**	Tauchen
ßnorklin	**snorkling**	Schnorcheln
ßnowmowbelin	**snowmobiling**	Motorschlittenfahrt
ßnowschuwin	**snowshoeing**	Schneewandern
ßannbaðin	**sunbathing**	Sonnenbaden
ßwimmin	**swimming**	schwimmen
woderßkiejin	**(water)skiing**	(Wasser)Skifahren
windßörfin	**(wind)surfing**	(Wind)Surfen
weitwoder räftin	**white water rafting**	Weißwasser-Flussfahrt
weildleif vjuwin	**wildlife viewing**	wilde Tiere beobachten

Wenn Sie sich erkundigen wollen, wo Sie das alles machen können, einfach hier einsetzen:

Unter www.nps.gov finden Sie alle Nationalparks und historischen Sehenswürdigkeiten der USA!

Where can I (go) ...?
wär kännei (gow)
wo kann ich (gehen)
Wo kann man ...?

Are there ranger-led tours?
ar ðär räjndscher-läd tuwrs
sind da Parkführer-geleitete Touren
Gibt es Touren mit dem Parkführer?

Dabei treffen Sie auf eine unglaubliche Vielfalt an Landschaften, Flora und Fauna. Wenn Sie sie gezielt in gewissen Naturräumen erforschen wollen:

desert/prarie	däßert/präerie	Wüste/Prärie
forest/woods	foreßt/wudds	Wald
lake/river	läjk/river	See/Fluss
hummock	hammek	Sumpfwald
marsh/swamp	marsch/ßwomp	Sumpf
everglades	äverglajds	Sumpfgrasland
mountain	mauwnten	Berg
ocean	owschen	Ozean
plantation	pläntäjschen	Plantage
vinyard	vinnjard	Weinberg

saltwater
ßoltwoder *Salzwasser*
freshwater
fräschwoder *Süßwasser*

Which equipment/gear do I need to bring?
witsch ekwipment/gier duh ei niete bring
welche Ausrüstung tue ich brauchen zu bringen
Was soll ich mitbringen?

Mit gear *ist eher die Kleidung gemeint und mit* equipment *eher das Technische.*

Wenn Sie jagen gehen wollen, brauchen Sie eine Jagdgenehmigung – hunting permit hantin pörmitt. *Zum Fischen brauchen Sie einen* fishing permit fischin pörmit.

Im mittleren Westen braucht man schon mal einen permit *– Genehmigung – von den Indianern, wenn man ihr Gebiet durchwandern möchte.*

Ihre Exkremente sollten Sie ca. 15 cm unter der Erde eingraben!

Abgesehen von all den Dingen, die ich Ihnen bereits im Kapitel „Übernachten – Camping" oder „Einkaufen – Kleidung" vorgestellt habe, könnten Sie dies noch brauchen:

compass	kempeß	Kompass
alpine pick	älpein pik	Berg-Pickel
anchor	ängker	Anker
backpack	bäkpäk	Rucksack
bait	bäjt	Köder
binocular	beinakjeler	Fernglas
fishing rod	fischin rad	Angelrute
fins	fins	Flossen
goggles	gagelß	Schwimmbrille
hook	huwk	Haken
ice skates	eißkäjtß	Schlittschuhe
knife	neif	Messer
lifevest	leifväßt	Schwimmweste
motor	moder	Motor
net	nät	Netz
paddle	päddl	Paddel
rope	rowp	Seil
shotgun	schatgan	Schrotflinte
shot #	schat namber	Schrot-/Kugelgröße
snowshoes	ßnowschuws	Schneeschuhe
skies	ßkies	Skier
surfboard	ßörfbowrd	Skier
waders	wäjders	hohe Gummistiefel
wetsuite	wätßut	Neoprenanzug

Halten Sie sich bitte an die Instruktionen der National Parks und der ranger. Besonders beim Fischen und Jagen gilt auch:

Respect private property signs!
reßpäkt preivet properdie ßeins
respektieren Privat Besitz Schilder
Respektieren Sie die Privatbesitz-Schilder!

What did you catch/shoot/see?
wad didje kätsch/schuwt/ßie
was tatest du fangen/schießen/sehen
Was haben Sie gefangen/geschossen/gesehen?

bison	beison	*Bison*
black bear/grizzly	bläk bär/grislie bär	*Schwarzbär/Grizzly*
bobcat/lynx	bobkät/lingß	*Rotluchs/Luchs*
chipmunk/squirrel	tschipmank/ßkwirl	*Eichhörnchen*
coyote/fox/wolf	kojowdie/fokß/wulf	*Koyote/Fuchs/Wolf*
deer/moose/reindeer	dier/muws/räjndier	*Rotwild/Elch/Rentier*
ferret/marten/beaver	färet/marten/biever	*Frettchen/Marder/Biber*
jaguar/lion/panther	dschägwar/leijen/pänðer	*Jaguar/Panther/Löwe*
porcupine/lizard	porkjepein/liserd	*Stachelschwein/Eidechse*
rabbit/hare	räbit/här	*Kaninchen/Hase*
raccoon/skunk	räkuwn/ßkank	*Waschbär/Stinktier*
(rattle) snake	(rädl) ßnäjk	*(Klapper)Schlange*
bat/woodpecker	bät/wuddpäkr	*Fledermaus/Specht*
condor/vulture	kander/valtscher	*Kondor/Geier*
dove/gull/swallow	dav/gall/ßwollow	*Taube/Möwe/Schwalbe*
duck/goose/swan	dak/guws/ßwon	*Ente/Gans/Schwan*
eagle/hawk/falcon	iegl/howk/fälken	*Adler/Habicht/Falke*
flamingo/heron	fleminggow/hären	*Flamingo/Fischreiher*
pelican/cormorant	pälliken/kormerent	*Pelikan/Kormoran*
owl/cuckoo	auwl/kuwkuw	*Eule/Kuckuck*
hummingbird/robin	hamminbörd/rabinn	*Kolibri/Rotkehlchen*
wild turkey	weiltörkiej	*wilder Truthahn*
prarie chicken	präeriejtschikn	*Präriehuhn*

Barsch/Wels/Forelle	**bass/catfish/trout**	bäß/kätfisch/trauwt
Lachs/Hecht/Barsch	**salmon/pike/perch**	ßämen/peik/pertsch
Stör/Zander	**sturgeon/walleye**	ßterdschen/wowlei
Kabeljau/Heilbutt	**codfish/halibut**	kadfisch/häliebat
Flunder/Schwertfisch	**flounder/swordfish**	flauwnder/ßwordfisch
Thunfisch/Schnapper/Hai	**tuna/snapper/shark**	tuna/ßnäper/schark
Seezunge/Hummer	**sole/lobster**	sowl/lobßter
Speerfisch/Pfeilhecht	**marlin/barracuda**	marlin/bärekuda
Stachelrochen/Qualle	**stingray/jellyfish**	ßtingräj/dschälliefisch
Delphin/Orcka/Wal	**dolphin/orca/whale**	dolfin/orka/wäjl
Seehund/Seekuh	**seal/manatee**	ßiel/mänatie
Schildkröte	**turtle/tortoise**	törtl/towrteß
Frosch/Kröte	**frog/toad**	frag/towd
Alligator	**alligator**	älliegäjter

bird börd *Vogel*
fish fisch *Fisch*
insect insäkt *Insekt*
raptor räpter *Greifvogel*
reptile räpteil *Reptil*
rodent rowdent *Nagetier*
butterfly baderflei *Schmetterling*
waterfowl waderfauwl *Wasservogel*
amphibian ämfibjen *Amphibie*
mammal mämel *Säugetier*
predetor prädeter *Raubtier*

Bei der Flora beschränke ich mich auf Oberbegriffe. Fragen Sie einfach einen Amerikaner nach dem Namen der Pflanze.

bush/scrub/ shrub	busch	Busch
cactus	käkteß	Kaktus
tree/conifer	trie/kanifer	Baum/Nadel-
deciduous tree	desiedjuß trie	Laubbaum
palm tree	pam trie	Palme
(wild)flower	(weild)flauwer	(Wild)Blume
fruit/nut	fruwt/nat	Frucht/Nuss
berry	bäriej	Beere
fungus/ mushroom	fangiß/ maschruwm	Pilz
grass/moss	gräß/moß	Gras/Moos
weed	wied	Unkraut

Which animal's track is this?
witsch änemels träk is ðiß
welches Tier'des Spur ist das
Von welchem Tier sind diese Spuren?

What's the name of this animal/plant?
wadß ðe näjmef ðiß änemel/plänt
was'ist der Name von dies Tier/Pflanze
Wie heißt dieses Tier/diese Pflanze?

Der Fallensteller in den Bergen nennt sich trapper träper.

Die schönsten Landschaften scenic landscapes ßienik länßkäjpß bringen dies hervor:

bay/sound	bäj/ßauwnd	Bucht/Sund
beach	bietsch	Strand
canyon/gorge	kännjen	Schlucht
cave/grotto	käjv/grotow	Höhle/Grotte
coast/shore	kowßt/schowr	Küste/Ufer
creek/stream	kriek/ßtriem	Bach/Strom
coral reef	korel rief	Korallenriff
fossil reef	foßil rief	Fossilfelsen
geyser	geißer	Geysir
glacier	gläjscher	Gletscher
hot spring	hat ßpring	heiße Quellen
island	eilend	Insel
lagoon	leguwn	Lagune
maar	mar	Kratersee
plain/valley	pläjn/välliej	Ebene/Tal
ridge	ridsch	Kamm
rock/mud	rock/mad	Fels/Schlamm
sand dune	ßänduwn	(Sand)Düne
volcano	valkäjnow	Vulkan
waterfall	woderfowl	Wasserfall

ash äsch
Asche
basalt bäselt
Basalt
cinder ßinder
Schlacke
coral korel
Koralle
flint flint
Feuerstein
granite gräneit
Granit
limestone leimßtown
Kalkstein
sandstone ßänßtown
Sandstein

At what height is the peak?
ät wad heit is ðe piek
auf was Höhe ist der Gipfel
Wie hoch ist der Gipfel?

Is this volcano still active?
is ðiß valkäjnow ßtill äktiv
ist dies Vulkan noch aktiv
Ist der Vulkan noch aktiv?

No, it's extinct.
now itß ikßtinkt
nein, es'ist erloschen
Nein, nicht mehr.

When was the last eruption?
wänn wos ðe läßt ierapschen
wann war der letzte Ausbruch
Wann war der letzte Ausbruch?

Is it ok to swim here?
isitt owkäjde ßwim hier
ist es okay zu schwimmen hier
Kann man hier schwimmen?

FKK ist in den USA nicht gerade gern gesehen. Sie brüskieren damit die vielen Christen, die in den USA noch recht puritanisch denken. topless topleß *— oben ohne — ist an den bekannten Stränden in Ordnung. Aber wundern Sie sich als Frau dann nicht über anerkennende Pfiffe von Männern!*

Achten Sie auf Schilder mit folgenden Aufschriften:

No swimming!
now ßwimin
nein schwimmend
Schwimmen verboten!

No diving!
now deivin
nein tauchend
Springen verboten!

Private property!
preivet praperdiej
privat Eigentum
Privates Anwesen!

Don't enter!
downt änter
tu-n'icht eintreten
Betreten verboten!

Apotheke & Notfall

Ist Ihre Reiseapotheke für Ihre Abenteuer richtig ausgestattet? Bevor Sie sich auf größere Touren begegeben, sollten Sie in der Drogerie – drugstore dragßtor – die fehlenden Sachen kaufen.

Im drugstore *bekommen Sie auch verschreibungspflichtige Medikamente. Aspirin oder auch Vitamine gibt es dort im Hunderterpack zu kaufen für einen Spottpreis – auch ein gutes Mitbrinsel aus Amerika.*

antibiotics	äntiebiejatikß	Antibiotika
antiseptic	äntießäptik	Antiseptikum
band-aid	bändäjd	Pflaster
bandage	bändidsch	Verband
blister pad	blißter päd	Blasenpflaster
bug repellent	bag riepällent	Insektenspray
compress	kempräß	Kompresse
cotton balls	katen bols	Watte
cough drops	kowfdropß	Hustenpastillen
burn ointment	börn ointment	Brandsalbe
eye drops	eidropß	Augentropfen
first-aid kit	förßdäjd kit	Erste-Hilfe-Kasten
insulin	inßelin	Insulin
lozenges	lasendsch	Lutschtablette
laxative	läkßetiv	Abführmittel
pain killer	päjn killer	Schmerztablette
Q-tip	kjutip	Wattestäbchen
salt tablets	ßoltäbletß	Salztabletten
suntan lotion	ßanntän lowschen	Sonnenmilch
thermometer	ðermameder	Thermometer
tranquilizer	trängkwileiser	Schlaftablette
tweezer	twieser	Pinzette
wet towels	wät tauwels	Feuchttücher

SPF (sun protection factor) = *Sonnenschutzfaktor*

at the doctor ät ðe dokter beim Arzt

dentist däntiß *Zahnarzt*
hospital hoßpidel *Krankenhaus*
eye doctor eidakter *Augenarzt*

Da es viele Körperteile gibt, sagen Sie einfach immer „it hurts here" it hörtß hier und zeigen auf das schmerzende Körperteil. Manches müssen Sie dennoch genauer sagen können:

I have/had ...	**I'm ...**
ei häv / häd	eim
ich habe / hatte	*ich'bin*
Ich habe/musste ...	Ich bin ...

bees bies *Bienen*
aspirin äßprin *Aspirin*
penicillin päneßilin *Penizillin*

allergic to	elerdschik tuw	allergisch gegen
asthma	äsma	Asthma
a cold	e kowld	eine Erkältung
a cut	e kat	eine Schnittwunde
diabetic	deijebädik	Diabetiker
diarrhea	deijerieje	Durchfall
epileptic	äpileptik	Epileptiker
feel ill	fiel ill	sich krank fühlen
fever	fiever	Fieber
frostbite	froßtbeit	Erfrierung
a headache	ehädäjk	Kopfschmerzen
HIV positive	ätsch ei vie posediv	HIV-positiv
a pacemaker	e päjsmäjker	Herzschrittmacher
pregnant	prägnent	schwanger
rash	räsch	Ausschlag
a sore throat	e ßowr ðrowt	Halsschmerzen
sunburn	ßannbörn	Sonnenbrand
to throw up	tuw ðrowap	kotzen
toothache	tuwðäjk	Zahnschmerzen
a wound	e wuwnd	eine Wunde

I got bitten/stung by a dog/bee.
eigat bitten/ßtang bei e dag/bie/
ich wurde gebissen/gestochen bei ein Hund/Biene
Ich wurde von einem Hund gebissen / einer Biene gestochen.

snake ßnäjk *Schlange*
tick tik *Zecke*
wasp woßp *Wespe*
ant änt *Ameise*
mosquito moßkidow *Mücke*

Ebenso wichtig ist es, halbwegs zu verstehen, was der Arzt sagt:

Take your ... off, please.
täjk jer ... of plies
nehme dein ... ab bitte
Bitte ziehen Sie ... aus.

Breathe deeply.
brieð diepliej
atmen tief
Tief einatmen.

Hold your breath.
howld jer bräð
halte dein Atem
Halten Sie den Atem.

Open your mouth.
owpen jer mauwð
öffnen dein Mund
Öffnen Sie den Mund.

Cough, please.
koff plies
husten bitte
Bitte mal husten.

I'll fill/pull the tooth.
eil fill/pull ðe tuð
ich'werde füllen/ziehen der Zahn
Ich werde den Zahn füllen/ziehen.

We'll have to X-ray this.
wiel hävte ekßräj ðiß
wir'werden haben zu röntgen dies
Wir müssen das mal röntgen.

It's broken/sprained.
itß browken/ßpräjnd
es'ist gebrochen/verstaucht
Es ist gebrochen/verstaucht.

It's a pulled muscle / a torn ligament.
itße puld maßl / e towrn ligement
es'ist eine gezogen Muskel / eine gerissen Sehne
Es ist eine Zerrung / ein Bänderriss.

When did it start?
wänn didit ßtart
wann tat es anfangen
Wann hat es angefangen?

Any nausea or vomiting?
annie nowsie | a or vommetin
irgendein Übelkeit oder Erbrechen
Übelkeit oder Erbrechen?

Any accompanying abdominal pain?
ännie ekampeniejin äbdamenl päjn
irgendein begleitender Bauch Schmerz
Auch Bauchschmerzen?

Wenn es ganz schlimm kommt, werden Sie wohl ins Krankenhaus gebracht mit den Worten:

You'll have to have surgery.
juwl hävte häv ßördscheriej
du'wirst haben zu haben chirurgische Behandlung
Sie müssen operiert werden.

Geld, Post & Telefon

In den USA verwenden Sie am besten immer Ihre credit card krädit card – Kreditkarte. Ohne geht's sowieso nicht. Sie sollten nur wissen, dass Sie nur $1000 pro Tag von einer Karte bar abheben können, es sei denn, Sie haben etwas anderes mit Ihrem Kreditkarteninstitut vereinbart. Wenn Sie bar zahlen, sollten Sie die coins kojns – Münzen – und bills bils – Banknoten – beim Namen kennen:

a penny	pännie	1 Cent-Münze, kupfern
a nickel	nikl	5 Cent-Münze, silbern
a dime	deim	10 Cent-Münze, silbern
a quarter	kworder	25 Cent-Münze, silbern
half dollar	häf doler	50 Cent-Münze, silbern

Seit 1999 wird je ein quarter *jährlich von 5 Bundesstaaten der USA neu gestaltet; mit einer Berühmtheit aus dem Bundesstaat auf der einen Seite und einem Bundessymbol auf der anderen. Wann welcher Staat eine Münze in den Verkehr bringen darf, erfahren Sie auf S. 68 in den kleinen eckigen Klammern hinter dem Bundesstaat.*

Alle Scheine haben die gleiche Größe und die gleiche Farbe: cremefarben & grün. 100 cent ßänt = 1 dollar doler. Es gibt Scheine zu $1, $2, $5, $20, $50, $100.

Wer dennoch traveler's checks trävlerß tschäkß (Traveller Cheques) bei sich hat, kann diese natürlich am Flughafen, in einer Bank – bank bänk – oder im Hotel einlösen.

I'd like to cash this check.
eid leikte käsch ðiß tschäk
ich'würde mögen zu einlösen diesen Scheck
Ich würde gerne den Scheck einlösen.

May I see your ID/passport, please?
mäj ei sie jer ei diej/päßpowrt plies
darf ich sehen dein Ausweis/Pass bitte
Darf ich bitte Ihren Ausweis/Pass sehen?

What's the exchange rate?
wadß ðe ikßtschäjsch räjt
was'ist die Tausch Rate
Wie ist der Wechselkurs?

post office powßt ofiß Post

Wenn Sie nicht wollen, dass Ihre Briefe – letter – und Postkarten – postcard powßtkard – nach Europa oder in den Rest der Welt im Schneckentempo versandt werden, schreiben Sie immer airmail ärmäjl – Luftpost –darauf. Jetzt nur noch zum Schalter bringen:

I need stamps for these letters.
ein nied ßtämß for ðies läders
ich brauche Briefmarken für diese Briefe
Ich brauche Briefmarken für diese Briefe.

I'd like to mail this package.
eid leikte mäjl ðiß päkedsch
ich'würde mögen zu versenden dies Paket
Ich würde gern dieses Päckchen verschicken.

Can I send a fax from here too?
kännei ßände fäkß framm hier tuw
kann ich schicken ein Fax von hier auch
Kann ich von hier auch ein Fax schicken?

phone call fown kowl Telefongespräch

Wenn Sie Ihr Geld nicht für Ihre Handy-Rechnung – cell phone bill ßäll fown bill – ausgeben wollen, und auch die Hotelraten zu teuer finden, dann suchen Sie sich am besten eine Telefonzelle – phone booth fown buwð. Dazu brauchen Sie viel Kleingeld – change tschäjndsch – oder die passende Kreditkarte.

Die Vorwahlen:
Germany
dschörmeniej
Deutschland: 01149
Austria
owßtrieja
Österreich: 01143
Switzerland
ßwitserländ
Schweiz: 01141

How much do you charge for a call to ...
hauw matsch dje tschardsch for e kowlte
wie viel tust du berechnen für ein Telefonat nach
Wie viel kostet ein Gespräch nach ...

Wenn es Ihnen lieber ist, dass der Angerufene die Rechnung bezahlt, können Sie ein R-Gespräch anmelden:

I'd like to make a collect call.
eid leikte mäjk a kelät kowl
ich'würde mögen zu machen ein Sammel Telefonat
Ich würde gern ein R-Gespräch anmelden.

E-Mail iemäjl e-mail

Wenn Sie keinen Laptop haben, den Sie im Hotel benutzen können, brauchen Sie:

Where's the closest e-mail café?
wärs ðe klowseßt iemäjl käfäj
wo'ist das naheste E-Mail Café
Wo ist das nächste E-Mail Café?

Polizei

Falls etwas schief laufen sollte, gehen Sie am besten zur Polizei – police station poließ ßtäj-schen, oder zu der konsularischen Vertretung Ihres Landes – embassy ämbeßiej.

My wallet/purse was stolen.
mei wollet/pörß was ßtowlen
meine Brieftasche/Handtasche war gestohlen
Meine Brieftasche/Handtasche ist gestohlen worden.

My car was broken into.
mei kar wos browken intuw
mein Auto war gebrochen hinein
Es wurde in mein Auto eingebrochen.

Vielleicht werden Sie aber auch von der Autobahnpolizei – highway partol heiwäj petrowl – wegen überhöhter Geschwindigkeit angehalten: speeding ßpieding.

May I see your driver's license, please?
mäjei ßie jer dreivers leißenß plies
darf ich sehen dein Fahrer'des Führerschein bitte
Darf ich bitte Ihren Führerschein sehen?

This license has expired/is invalid.
ðiß leißenß häs ikßpeijerd/is invälid
dieser Führerschein war abgelaufen/ist ungültig
Dieser Führerschein ist abgelaufen/ungültig.

Literaturempfehlungen

Literatur

All diese Publikationen sind z. T. rein englischsprachig und nicht über den Reise Know-How Verlag erhältlich!

American Accent Training, Barrons Educational Series, USA 2000, 210 S., ISBN: 0764173693. Wenn Sie Ihre amerikanische Aussprache noch weiter perfektionieren möchten.
Slanguage, Hyperion, USA 2000, 304 S., ISBN: 0786885203. Witziges kleines Buch über amerikanischen Slang.
Amerikanisch ohne Mühe
ISBN: 3-89625-005-1
Grundkurs für Anfänger + Wiedereinsteiger
Auch als Multimedia-Kombination mit Tonaufnahmen (Kassetten oder Audio-CDs) und / oder CD-ROM erhältlich.
Assimil GmbH, Hinter dem Hagen 1, D-52388 Nörvenich
The American Heritage Dictionary of the English Language, Houghton Mifflin Company, USA 2000. Ein gutes Lexikon für amerikanisches Englisch mit Hinweisen zur Etymologie.

Internet

www.bartleby.com/61 – Ein nützliches Online-Nachschlagewerk. Hier finden Sie auch **The American Heritage Dictionary of the English Language** online mit über 90.000 Einträgen inklusive Audio-Datei mit der Aussprache, und Notizen zur Etymologie.

nhd.heinle.com – Noch ein gutes Online-Nachschlagewerk mit über 40.000 Einträgen.

A–Z Wortliste Deutsch – Amerikanisch

*Hinter unregelmäßigen Tätigkeitswörtern * ist immer die Vergangenheitsform und die Form der vollendeten Gegenwart angegeben; steht nur eine Form in Klammern sind Vergangenheit und vollendete Gegenwart identisch. Die Lautänderungen von -y nach -ied oder -id werden nicht extra aufgeführt. In der Wortliste Amerikanisch – Deutsch sind die unregelmäßigen Tätigkeitswörter alphabetisch einsortiert. Bei Hauptwörtern steht die unregelmäßige Mehrzahlform in Klammern. Auch hier werden die Lautänderungen von -y nach -ies nicht extra aufgeführt.*

A

Abend evening
aber but
abfliegen take-off* *(took, taken~)*
abreisen leave* *(left)*
absagen cancel
abschleppen tow a car
Abtreibung abortion
Adresse address
ähnlich similar to
Alkohol alcohol
alle all
allein alone
alles everything; all
als than *Vergl.*; when *zeitl.*
alt old
Alter age
Alternative choice
anfangen begin* *(began, begun)*
Angestellte(r) employee
Angst fear
anhalten stop
ankommen arrive
Ankunft arrival
annehmen accept
anrufen call
anstecken infect
Antwort answer
antworten answer
Anwalt attorney
Apartment apartment
Apotheke drugstore
arbeiten work
Arbeitgeber employer
argumetieren argue
arm poor
Art kind; type
Arzt doctor
auch also; too
auf on *örtl.*; open *offen*
Aufenthalt stay
aufhören stop
aufstehen get up* *(got; gotten~)*
aufwachen wake up* *(woke; woken~)*
Aufzug elevator
aus from *örtl.*
Ausfahrt exit
ausfüllen fill in
Ausgang exit
Auskunft information
Ausländer foreigner
ausländisch foreign
aussehen look
Aussicht view
Aussprache pronunciation
aussteigen get off* *(got; gotten~) Bus*
Ausstellung exhibition
Ausweis identity card *(ID)*
ausziehen take off your/my/ ... clothes* *(took, taken ~)*
Auto car
Autobahn highway
Autowerkstatt repair shop

B

baden take a bath* *(took; taken~)*
Badewanne bathtub
Badezimmer bathroom
Bahnhof train station
Bahnsteig platform
bald soon
Bank bank *Geld*
Bargeld cash
Batterie batery
bauen build* *(built)*
Bauer farmer
Baum tree
beeilen hurry (up)

beenden finish
begleiten accompany
behalten keep* *(kept)*
behandeln treat *Krankh.*
bei at
Beispiel example
bekannt familiar *kennen*; well-known *berühmt*
beliebt popular
benachrichtigen inform
Benzin gas
bequem comfortable
Berg mountain
Beruf profession
berühmt famous
beschreiben describe
Beschreibung description
beschweren complain
besichtigen visit
Besitzer owner
besser better
bestellen order
Bestellung order
bestrafen punish
Besuch visitor
besuchen visit
betrinken drink* *(drank, drunk)*
Bett bed
Bevölkerung population
bevor before
bewusstlos unconscious
bezahlen pay
Bild painting; picture
billig cheap
Binde sanitary napkin
bis until; to
bisschen, ein a little (bit)
Bitte favor
bitten ask for
Blatt leaf *Baum*; sheet *Papier*
bleiben stay
Blitz flash
Blume flower
Boden ground *Erde*; floor
Boot boat; ship
Botschaft embassy
Brand fire
Brauch custom
brauchen need
brechen break* *(broke, broken)*
breit wide
brennen burn
Brief letter
Briefmarke stamp
Briefumschlag envelope
Brille glasses *Mz.*
bringen bring* *(brought)*
Brot bread
Brücke bridge
Bruder brother
Brust breast; chest
Buch book
buchen book
Buchstabe letter
buchstabieren spell
bunt colored
Bürgersteig sidewalk
Büro office
Bus bus

C

Café coffee shop
Chef boss

D

da there *dort*; since *weil*
Dach roof
damit in order to
danach afterwards
danke thanks; thank you
danken thank
dann then
darum therefore
dass that
Datum date
dauern take* *(took, taken)*
Daunendecke comforter
Decke blanket
denken think* *(thought)*
Denkmal memorial
deshalb therefore
Deutsch(e,r) German
Deutschland Germany
Dialekt dialect
dick thick *Ding*
Diebstahl theft
Ding thing
direkt straight
Dokument document
Dolmetscher translator
doppel double
Dorf village
dort there
Dose can
dringend urgent
Droge drug
drücken push
dumm stupid
dunkel dark
dünn thin *Ding*
durch by *kausal*; through; thru *hindurch*
Durchfall diarrhea
dürfen may; allowed to
durstig thirsty
Dusche shower

E

echt real; really?
Ehefrau wife
Ehemann husband
Ehepaar couple
Eigentum property

einander one another
Einbahnstraße dead end
Eindruck impression
einfach easy; simply *Adv.*
Eingang entrance
einige a few; a bunch; a couple; some
Einkaufswagen cart
Einkommen income
einladen invite
Einladung invitation
einmal once
einsteigen get in* *(got; gotten~)*
eintreten go in* *(went~)*
einverstanden ok
Einwohner inhabitants
Eis ice
Eisenbahn train
Eiter pus
Eltern parents
empfangen get* *(got; gotten)*
empfehlen recommend
Ende end
eng narrow
Englisch english
Enkel(in) grandchild *(grandchildren)*
Entfernung distance
entscheiden decide
entschuldigen apologize
Entschuldigung excuse me
Erde earth
Ereignis event
Erfolg success
erhalten keep* *(kept)*
erhältlich available
erinnern remember
erkältet sein have a cold* (had~)
erklären explain
erlauben allow
Erlaubnis permit
Ermäßigung discount
erwarten expect
erzählen tell* *(told)*
essen eat* *(ate, eaten)*
etwa about
etwas a few; a little; some *Mengen*; something *irgendetwas*

F

Faden thread
Fähre ferry
fahren drive *4-Rad*; ride *2-Rad*
Fahrkarte ticket
Fahrplan schedule
Fahrpreis fare
Fahrrad bike; bicycle
Fahrzeug car; vehicle
fallen fall* *(fell, fallen)*
falsch wrong
Familie family
Familienname last name
Farbe color
Farbfilm color print film
fast almost
faul rotten *Obst*; lazy *träge*
Fehler mistake
feiern celebrate
Feiertag holiday
Feld field
Fenster window
Ferien vacation
Fernsehgerät TV
fertig ready
fest firm; hard
Fest party
feucht moist
Feuer fire
Feuerwehr fire department
Fieber fever
Film film
finden find* *(found)*
Finger finger
Firma company
flach flat
Flasche bottle
Fleck stain
fliegen fly* *(flew)*
flirten flirt
Flug flight
Flughafen airport
Flugticket ticket
Flugzeug plane
Fluss river
Formular form
Foto picture
Fotoapparat camera
fotografieren take pictures* *(took, taken~)*
Frage question
fragen ask
Frau woman; women *Mz.* *Anrede:* Mrs. *verheiratet*; Ms. *neutral*
Fräulein Miss
frei free
fremd unknown; strange
freuen be glad* *(was, been~)*
Freund(in) friend; *Liebe:* boyfriend *m.*; girlfriend *w.*
freundlich friendly
Freundschaft friendship
Frieden peace
frieren freeze* *(froze, frozen)*
frisch fresh
froh glad; happy
früh early
Frühling spring
Frühstück breakfast
frühstücken have breakfast* *(had)*

fühlen feel* *(felt)*
Führer guide; ranger
Führerschein driver's license
Führung guided tour
für for
furchtbar aweful
fürchten afraid (of)
Fuß foot; feet *Mz.*
Fußball soccer

G

Gabel fork
Galerie galery
Gang aisle *Flugzeug*
ganz all; entire *Stück*
Garten garden
Gas gas
Gast guest
Gastgeber host
Gaststätte pub
Gebäude building
geben give* *(gave, given)*
Gebirge mountain range
Gebühr fee
Geburtstag birthday
gefährlich dangerous
gefallen like
Gefängnis jail
Gefäß container
Gefühl feeling
gegen against *etw./jmd.*; around *ungefähr*
Gegend area; region
gegenüber von across from; opposite from
gehen go* *(went, gone)*; walk
Geld money
Geldautomat ATM
Gelegenheit chance
Gemüse vegetables
gemütlich comfortable
genau precisely; just *Adv.* right *jawohl*
genug enough
geöffnet open
Gepäck baggage
geradeaus straight ahead
gern like to
Geruch smell
Geschäft shop; store *Laden*; business
Geschenk present
Geschichte story *Erzählung*; history *hist.*
geschlossen closed
Geschmack flavor
Gesellschaft society
Gesetz law
Gesicht face
Gespräch conversation
gestern yesterday
gesund healthy
Gesundheit health
Gewicht weight
Gewitter lightening
gewöhnen get used to* *(got, gotten)*
Gewürz spice; seasoning
Gift poison
Glas glass
glauben believe
Glück luck
glücklich happy
Gold gold
Gott god
Grammatik grammar
Gras gras
gratulieren congratulate
Grenze border
Grippe flu
groß big *breit*; large *lang*; tall *hoch*
Größe size
Großmutter grandmother
Großvater grandfather
Grund reason
Gruppe group
gültig valid
gut good; well *Adv.*

H

Haarspray hair spray
haben have* *(had)*
Hafen harbor; port
Hälfte half
halten stop *anhalten*; hold *(held) festhalten*
Haltestelle bus stop
Handel trade
handeln bargain
hart hard; strong *stark*
hässlich ugly
Haupt- main
Haus house
heben lift up* *(lift~)*
heilen cure; heal
heiraten marry
heiß hot
helfen help
hell bright *leuchtend*; light *nicht dunkel*
her ago
Herbst fall
Herr man; *Anrede:* Mr.
heute today
hier here
Hilfe help
hinten back
hinter behind
Hintern ass; fanny
hoch high; tall *lang*
Hochzeit wedding
hoffen hope
höflich polite
Höhe height
holen get* *(got, gotten)*

Holz wood
homosexuell queer
hören hear* *(heard)*
Hotel hotel
Hügel hill
hungrig hungry
Hygiene cleanliness

I

immer always
Impfung vaccination
in in; on
Industrie industry
Information information
informieren inform
Innenstadt downtown
Insekt bug; insect
Insel island
interessant interesting
interessieren be* interested *(was/were, been)*
international international

J

Jahr year
Jahreszeit season
jährlich annual
jeder each; everybody
jedesmal everytime
jemand somebody; anyone
jetzt now
Journalist journalist
Jugendlicher teenager
jung young
Junge boy

K

kalt cold
kaputt broken
Karte map
Kasse cashier
katholisch catholic
kauen chew
kaufen buy* *(bought)*
kennen know* *(knew, known)*
Kind child; children *Mz.*
Kinderwagen buggy; baby carriage
Kino movie theater; movies
Kiosk booth
Kirche church
Klasse grade
Klebeband adhesive tape
klein little *kurz*; small
Klima climate
klug intelligent; smart
Kneipe bar
kochen cook
Koffer bag; suitcase
kommen come
kompliziert complicated
Kondom condom; rubber
können be able* *(was/were, been~)*; can* *(could)*
Konsulat consulate
kontrollieren control
Konzert concert
korrigieren correct
kosten cost
kostenlos (for) free
krank ill; sick
Krankenhaus hospital
Krankheit illness; disease
Kreditkarte credit card
kühl cool
Kühlschrank refrigerator
Kunst art
künstlich artificial; fake
kurz short
küssen kiss
Küste coast; shore

L

lächeln smile
lachen laugh
Lage position
Lampe lamp
Land country
Landschaft landscape
Landwirtschaft agriculture
lang long
langsam slow
langweilig boring
lassen let* *(let)*
laufen run* *(ran)*; walk
laut loud; noisy
Leben life
leben live
Lebensmittel groceries
ledig single
leer empty
legen lay
Lehrer(in) teacher
leicht easy *einfach*; light *nicht schwer*
leihen borrow
lernen learn
lesbisch lesbian
lesen read* *(read)*
letzte last
Leute people
Licht light
lieben love
Lied song
Lieferung delivery
liegen lay
links left
LKW truck
Loch hole
Löffel spoon
Lohn wage

M

machen make* *(made)*
Mädchen girl
Mal time
malen paint
man one; you
manchmal sometimes
Mann husband *Ehe-*; man; men *Mz.*
Markt market
Medikament medicin
Meer ocean
mehr more
Meinung opinion
meist mostly
Menge amount; quantity
merken memorize *sich*; notice
Messer knife
mieten rent
Minute minute
mit with
Mitglied member
mitmachen join
Mittag lunchtime; noon
Mitte middle
Mode fashion
modern modern
möglich possible
Monat month
Morgen morning; a.m.
morgen tomorrow
Motor motor
Motorhaube hood
Motorrad motorbike
müde tired
Müll garbage; trash
Mülleimer trash can
Museum museum
Musik music
müssen have to* *(had~)*; must
Mutter mother

N

nach to *örtl.*; past *zeitl.*
Nachmittag afternoon; p.m.
Nachricht message
nächste next
Nacht night
Nachtisch dessert
nackt nude
Nadel needle
Nagellack nail polish
Nagellackentferner nail polish remover
nah close; near
Name name
nass wet
Natur nature
natürlich natural; of course *auf jeden Fall*
neben next to
nehmen take* *(took, taken)*
neu new
neugierig curious
nicht not
nichts nothing
niedrig low
nie never
niemand nobody
nirgendwo/-hin nowhere
noch still *immer*; yet *nicht*
nochmal again
Norden north
normal normal
Notfall emergency
notwendig necessary
Nummer number
nur only; simply
nützlich useful

O

ob if
oben up; upstairs
obwohl although
oder or
öffnen open
oft often
ohne without
Öl oil
Onkel uncle
Opfer victim
Organ organ
organisieren organize
Ort place
Osten east
Österreich Austria
Österreicher(in) Austrian

P

Paar couple
paar a couple; a few; a pair
Päckchen pack; packet
Paket package
Panne break down
Papier paper
Park park
parken park
Parkplatz parking (lot)
Pass passport
passen fit
passieren happen
Patient patient
Pause break
peinlich embarrassing
Person person
Pflanze plant
Plan plan
Platz place; space *Raum*; square *Ort*
plötzlich sudden; suddenly
Politik politics *Mz.*

Polizei police
Post mail
Postamt post office
Postkarte postcard
Postleitzahl zip code
Preis price
privat private
Problem problem
Programm program
pünktlich on time

Q

Qualität quality

R

Radiergummi eraser
Radiogerät radio
Rahmen frame
Rat advice
rauchen smoke
Raum room
rechnen count
Rechnung check
Recht law *Gesetz*; right
rechts right
Rechtsanwalt attorney
reden talk
Regen rain
Regenschirm umbrella
regional local
registrieren register
reich rich
reif ripe
Reifen tire
Reise journey; trip
Reisebüro travel agent
reisen travel
reparieren repare
reservieren make a reservation* *(made~)*
Restaurant restaurant
Rettungswagen ambulance
richtig right
Richtung direction
riechen smell
riesig enormous; giant
roh raw; uncooked
Rückfahrt return trip
Rucksack backback
rückständig backward
rufen call; yell *schreien*
Ruhe rest

S

Sache thing
sagen say
Salbe ointment
Salz salt
sammeln collect
Sand sand
satt full; stuffed
Satz sentence
sauber clean
säubern clean
sauer sour
Schallplatte record
scharf hot; spicy
Scheck check
Schein bill
scheinen seem *als ob*; shine *Sonne*
Schere scissors *Mz.*
schicken send* *(sent)*
schießen shoot* *(shot)*
Schiff ship; boat
schlafen sleep* *(slept)*
Schlafsack sleeping bag
Schlafzimmer bedroom
schlagen hit* *(hit)*
Schlange stehen line up
schlecht bad; gone off *faul*
Schließfach deposit; safe
Schlüssel key
schmackhaft tasty; yummy
schmal narrow
Schmerz pain
schmerzen hurt* *(hurt)*
Schmuck jewelry
schmutzig dirty; filthy
schnell fast; quick; express
schon already; yet
schön beautiful; nice
Schrank closet; cupboard
Schraubenschlüssel wrench
schreiben write* *(wrote)*
schuldig guilty
Schule school
Schüler(in) student
schwach weak
schwanger pregnant
Schweiz Switzerland
Schweizer(in) Swiss
schwer heavy *Gewicht*; difficult *schwierig*
Schwester sister
schwierig difficult
schwimmen swim* *(swam)*
schwitzen sweat* *(sweat)*
schwul gay
See lake
sehen see* *(saw, seen)*
Sehenswürdigkeiten places of interest
sehr very; a lot
Seide silk
Seife soap
Seil rope
sein be* *(was/were; been)*
seit since
Seite side
Sekunde second
selten rarely; seldom
Serviette napkin
setzen, sich sit down* *(sat)*
sicher sure; surely *Adv.*

Sicherheit safety
Silber silver
singen sing* *(sang)*
sitzen sit *Po*; fit* *(sang) Kleidung*
Ski ski
so so
sofort immediately; now
sogar even
Sohn son
solch(-e,-er,-es) this kind of; this type of
sollen have to* *(had~)*; shall* *(should)*
Sommer summer
Sonne sun
sparen save
spät late
spazierengehen go for a walk* *(went, gone~)*
Spiegel mirror
Spiel game; match
spielen play
Spielzeug toy
Sport sport
Sprache language
sprechen speak* *(spoke, spoken)*
Spritze shot; syringe
Staatsangehörigkeit nationality; citizenship
Stadt city; town
stark strong
Staubsauger vacuum cleaner
Steckdose outlet
stehen stand* *(stood)*
steil steep
Stein stone; rock
Stelle place; spot
stellen place; put* *(put)*
sterben die; pass away
Stil design; style
Stimme voice
Stoff fabric
stören disturb
Strafe punishment
Strand beach
Straße street; road
Straßenbahn train
streiten fight* *(fought)*
Stromkabel electric cord
Stück piece; part; play *Theater*
Student student
Stunde hour
suchen look for; search
Süden south
Summe sum; amount
Suppe soup; bisque; chowder
süß sweet

T

Tabak tobacco
Tablette pill
Tag day
täglich daily; everyday
Tal valley
Tankstelle gas station
Tante aunt
tanzen dance
Tasche bag; purse *Hand-*
Taxi cab; taxi
Telefon phone
telefonieren call
Telegramm telegramm; wire
teuer expensive
Theater theater
tief deep
Tier animal
Tochter daughter
Tod death
Toilette bathroom; restroom; toilet
Toilettenpapier toilet paper
toll awesome
tot dead
töten kill
Tradition tradition
tragen carry *schleppen*; wear* *(wore, worn) Kleidung*
traurig sad
treffen meet* *(met)*
Treppe stairs *Mz.*; staircase
trinken drink* *(drank)*
Trinkgeld tip
trocken dry
tun do* *(did; done)*
Tür door
Turm tower
Typ guy

U

U-Bahn subway
üben practise
über above; over *örtl.*; more *mehr*; past *zeitl.*
überall everywhere
übergeben, sich throw up* *(threw; thrown)*
überholen pass
übermorgen the day after tomorrow
übersetzen translate
Übersetzer translator
Überweisung transfer
übrig left
Uhr clock; watch
um at
um zu ... in order to
umarmen embrace
Umleitung detour
Umstand circumstance
umtauschen exchange
Umweg detour

Umwelt environment
unbekannt unfamiliar; unknown
und and
Unfall accident
Universität college; university
unmöglich impossible
unschuldig innocent; not guilty
unten at the bottom
unter under; below
Unterhaltung conversation
Unterkunft accomodation
unterrichten teach* *(tought)*
unterschreiben sign
untersuchen check
Ur- native
Urlaub vacation

V

Vater dad; father
Ventilator fan
verabreden meet* *(met)*; make an appointment* *(made~)*; date *Liebe*
Verabredung meeting; appointment; date
verboten prohibited
Verbrechen crime
verdienen earn
Verfallsdatum expiration date
vergessen forget* *(forgot, forgotten)*
vergnügen enjoy
verirren get lost* *(got; gotten~)*
verkaufen sell* *(sold)*
verlangen charge *Geld*; ask for
verlängern extend
verlassen quit* *(quit)*
verleihen borrow
verletzen hurt* *(hurt)*; injure
Verletzung injury
verlieben fall in love* *(fell; fallen)*
verlieren loose* *(lost)*
vermieten rent* *(rent)*
Vermittlung agency; operator *Telefon*
verringern reduce
Versicherung insurance
verspäten be late* *(was / were, been)*; delay
versprechen promise *jmd.*; make a slip *(made)*
Verstand sense; brains *Mz.*
verstehen understand
versuchen try
viel a lot; many
vielleicht maybe
Vogel bird
Volk nation; people; tribe
voll full
von from; of
vor before; in front of
vorbereiten prepare
vorgestern the day before yesterday
vorher beforehand; before
Vormittag morning; a.m.
Vorname first name
vorne front; in front
vorschlagen propose
vorstellen imagine; introduce *jmd.*
Vorwahlnummer area code; country code

W

Wahl choice
wahr true
während during; while
Währung currency
Wald forest; woods *Mz.*
Wand wall
wandern hike; walk
Ware goods *Mz.*
warm hot; warm
Warnung warning
warten wait
waschen wash
Wasser water
Wasserhahn faucet
WC bathroom; restroom
wechseln exchange *Geld*; replace *Glühbirne*
wecken wake up
Weg way; road; path, trail
wegen because of; due to
weggehen leave* *(left)*
weiblich female
weil because
weinen cry
weit far *entfernt*; wide; baggy *Kleidung*
weitere further
wenig few; little
weniger less
wenn than *als*; if *falls*
Werbung ad(vertisement)
werden get* *(got, gotten)*; will* *(would)*
Westen west
Wetter weather
wichtig important
wie how; like *Vergl.*
wieder again
wiederholen repeat
Wind wind
Winter winter

winzig tiny; small
wissen know* *(knew, known)*
Woche week
wohnen live
Wohnmobil motorhome
Wohnung apartment; condo
Wohnwagen trailer
wollen like to; want
Wort word
Wörterbuch dictionary
Wunde injury; wound
wünschen wish
Wüste desert

Z

zahlen pay
Zahnarzt dentist
Zahnpasta toothpaste
Zebrastreifen crosswalk
zeigen show
Zeit time
Zeitung newspaper
Zelt tent
Zentrum center; downtown
ziehen pull
Zigarette cigarette
Zimmer room
Zoll customs *Mz.*
zu too; also
zufrieden happy
Zug train
zuhören listen
zurück back
zusammen together
zustimmen agree
zuviel too much/many
zwischen between

A

a ein, -e, -er
a bit ein bisschen
a bunch einige
a couple einige; paar
a few einige; etwas; ein paar
a little ein bisschen; etwas
a lot viel
abortion Abtreibung
about etwa; über
above über; oberhalb
accept annehmen
accident Unfall
accomodation Unterkunft
accompany begleiten
accurate genau
across from gegenüber von
ad(vertisement) Werbung
address Adresse
adhesive tape Klebeband
advice Rat
afraid sich fürchten
afternoon Nachmittag
afterwards danach
again noch einmal; wieder
against gegen
age Alter
agency Vermittlung
ago her
agree zustimmen
agriculture Landwirtschaft
airport Flughafen
aisle Gang (Flugzeug)
alcohol Alkohol
alike ähnlich
all alle(s); ganz
alley Gasse
allow erlauben
allowed to dürfen
almost fast
alone allein
already schon
also auch
although obwohl
aluminum Aluminium
always immer
am (ich) bin *(von be)*
a.m. morgen
ambulance Rettungswagen
amount Menge; Quantität
and und
animal Tier
annual jährlich
answer Antwort; antworten
apartment Wohnung
apologize entschuldigen
appointment Verabredung
are (wir, ihr, sie) sind *(von be)*
area Gegend
argue argumetieren
arrival Ankunft
arrive ankommen
art Kunst
artificial künstlich
ask fragen; bitten
ass Hintern
asshole Arschloch
at bei; um
ate aß *(von eat)*
ATM Geldautomat
attorney Rechtsanwalt
aunt Tante
Austria Österreich
Austrian Österreicher(in)
available erhältlich
aweful furchtbar
awesome toll

B

back hinten; zurück
backback Rucksack
back-up lights Rückfahrleuchte

backward rückständig
bad schlecht
bag Tasche; Koffer
baggy weit
bank Bank (Geld)
bar Kneipe
bargain handeln
batery Batterie
bath Badezimmer
bathe baden
bathroom Toilette
bathtub Badewanne
be sein
beach Strand
beautiful schön
because weil
because of wegen
become werden
bed Bett
bedroom Schlafzimmer
been gewesen *(von be)*
before bevor; vor; vorher
begin anfangen
began fing an *(von begin)*
begun angefangen *(von begin)*
be happy sich freuen
behind hinter
be late sich verspäten
believe glauben
below unten
best before gebrauchen vor
betray betrügen
better besser
between zwischen
big groß
bike Fahrrad
bill Rechnung; Schein
bird Vogel
birthday Geburtstag
boardwalk Promenade
boat Boot
book Buch; buchen
booth Kiosk
border Grenze
boring langweilig
borrow leihen; verleihen
boss Chef
bother nerven
bottle Flasche
bought kaufte; gekauft *(von buy)*
box Karton
boy Junge
bread Brot
break brechen; Pause
breakdown Panne
breakfast Frühstück
breast Brust
bridge Brücke
bright hell
bring bringen
broke brach *(von break)*
broken kaputt; gebrochen *(von break)*
brother Bruder
brought brachte; gebracht *(von bring)*
buddy Kumpel
bug Insekt
build bauen
building Gebäude
burglary Einbruch
burn brennen
bus Bus
business Geschäft
bus stop Haltestelle
but aber
buy kaufen
by durch
bye Tschüss

C

cab Taxi
call rufen; telefonieren
call collect R-Gespräch
camera Fotoapparat
camper Wohnwagen
can Dose; können
cancel absagen
car Auto; Fahrzeug; Wagen
carry tragen
cart Einkaufswagen
cash Bargeld
cashier Kasse
castle Burg
catholic katholisch
center Zentrum
chance Gelegenheit
charge verlangen
cheap billig
check Rechnung; Scheck
check in Hotel check in
chest Brust(korb)
chew kauen
child Kind
choice Alternative; Wahl
church Kirche
cigarette Zigarette
circumstance Umstände
citizen Bürger
city Stadt
clean sauber; säubern
cleanliness Hygiene
climate Klima
clock Uhr
close nah; schließen
closet Schrank
club Diskothek
coast Küste
coffee shop Café
cold kalt
collect sammeln
college Universität
color Farbe
color print film Farbfilm
colored bunt
come kommen; gekommen

comfortable bequem; gemütlich
comforter Daunendecke
company Firma
compatible passend
complain beschweren
complicated kompliziert
concern Besorgnis
concert Konzert
condition Bedingung
condominium Wohnung
conductor Chauffeur
cone Hörnchen
congratulate gratulieren
consulate Konsulat
container Gefäß
control kontrollieren
conversation Gespräch; Unterhaltung
convertible Cabrio
cook kochen
cool kühl
correct korrigieren; richtig
cost kosten (Preis)
count rechnen
country Land
country code Vorwahlnummer
couple Ehepaar; Paar
cover Decke (Bett)
cozy gemütlich
crafts Kunstgewerbliches
credit card Kreditkarte
crime Verbrechen
cry weinen
curb Bürgersteig
cure heilen
curious neugierig
currency Währung
custom Brauch
customs Zoll

D

dad Vater
daily täglich
dance tanzen
dangerous gefährlich
dark dunkel
date Datum; verabreden; Verabredung
daughter Tochter
dawn Morgendämmerung
day Tag
dead tot
dead end Einbahnstraße
death Tod
decide entscheiden
deep tief
delayed verspätet
delivery Lieferung
dentist Zahnarzt
deposit Schließfach
describe beschreiben
description Beschreibung
desert Wüste
design Stil
dessert Nachtisch
detour Umleitung; Umweg
dialect Dialekt
diarrhea Durchfall
dictionary Wörterbuch
did tat *(von do)*
die sterben
difficult schwierig (nicht einfach)
direction Richtung
dirt road ungeteerd Straße
dirty schmutzig
disco Diskothek
discount Ermäßigung
distance Entfernung
disturb stören
diversion Umleitung
do tun
doctor Arzt
documents Dokument(e)
done getan *(von do)*
door Tür
dope Drogen
double doppel
downtown Innenstadt
drank trank *(von drink)*
drapes Gardine
drink trinken
drive fahren
driver Chauffeur
driver's license Führerschein
drugstore Apotheke
drunk betrunken; getrunken *(von drink)*
dry trocken
due to wegen
dumb dumm
during während

E

each jeder
early früh
earn verdienen
earth Erde
east Osten
easy leicht (einfach)
eat essen
eaten gegessen *(von eat)*
edible essbar
effect beeinflussen
effort Mühe
electric cord Stromkabel
electrical outlet Steckdose
elementary school Grundschule
elevator Aufzug; Lift
embarrassing peinlich
embassy Botschaft
embrace umarmen

emergency Notfall
emotions Gefühle
employee Angestellte(r)
employer Arbeitgeber
empty leer
end Ende
English englisch
enjoy geniessen
enormous riesig
enough genug
enter eintreten
entire ganz
entrance Eingang
envelope Briefumschlag
environment Umwelt
eraser Radiergummi
even sogar
evening Abend
event Ereignis
everybody jeder
everyday täglich
everything alles
everytime jedesmal
everywhere überall
examine untersuchen
example Beispiel
excellent ausgezeichnet
exchange umtauschen
excuse me entschuldigung
exhibition Ausstellung
exit Ausfahrt; Ausgang
expect erwarten
expensive teuer
expiration date Verfallsdatum
explain erklären
export Ausfuhr
express schnell
expressway Schnellstraße
extend verlängern

F

fabric Stoff
face Gesicht
factory Fabrik
fall fallen; Herbst
familiar bekannt
family Familie
famous berühmt
fan Ventilator
far lang; weit
far away fern
fare Fahrpreis
farmer Bauer
fashion Mode
fast schnell
fat dick; fett
father Vater
faucet Wasserhahn
fault Fehler
favor Bitte
fax Fax
fear Angst
fee Gebühr
feel sich fühlen
feeling Gefühl
felt fühlte; gefühlt *(von feel)*
female weiblich
ferry Fähre
fever Fieber
few wenig
field Feld
fight streiten
fill in ausfüllen
film Film
find finden
finger Finger
finish beenden
fire Brand; Feuer
fire department Feuerwehr
firm fest
first name Vorname
fit sitzen; passen

flash Blitz
flat flach
flat tire platter Reifen
flavor Geschmack
flew flog *(von fly)*
flight Flug
flirt flirten
floor Etage
flower Blume
flown geflogen *(von fly)*
flu Grippe
fly fliegen
foot Fuß
for für
foreign ausländisch; fremd
foreign country Ausland
foreigner Ausländer
forest Wald
forget vergessen
forgot vergaß *(von forget)*
forgotten vergessen *(von forget)*
fork Gabel
form Formular
fotography Fotografie
fought stritt; gestritten *(von fight)*
found fand; gefunden *(von find)*
frame Rahmen
free frei; kostenlos
freeway Schnellstraße
freeze frieren
fresh frisch
friend Freund(in)
friendly freundlich
friendship Freundschaft
from von
front vorne
front desk Empfang
froze fror *(von freeze)*
frozen gefroren *(von freeze)*
full satt; voll

funny lustig
further weitere

G

galery Galerie
game Spiel
garbage Müll
garden Garten
gas Benzin; Gas
gas station Tankstelle
gave gab *(von give)*
gay schwul
gearshift Schaltknüppel
German Deutsch(e,r)
Germany Deutschland
get empfangen; werden; holen
get healthy sich erholen
get in einsteigen
get lost sich verirren
get off aussteigen
get up aufstehen
get used to sich gewöhnen an
girl Mädchen
girlfriend Freund(in)
give geben
given gegeben *(von give)*
give permission erlauben
glad froh
glass Glas
glasses Brille
go gehen
go for a walk spazierengehen
god Gott
gold Gold
gone ging *(von go)*
good gut
goods Ware
got bekam *(von get)*
gotten bekommen *(von get)*
grade Klasse
grain Getreide
grammar Grammatik
grandchild Enkel(in)
grandfather Großvater
grandma Großmutter
grandmother Großmutter
grandpa Großvater
gras Gras
greet begrüßen; grüßen
groceries Lebensmittel
ground Boden
group Gruppe
guest Gast
guide Führer
guided tour Führung
guilty schuldig
guy Typ

H

had hatte *(von have)*
haggle over feilschen
hair spray Haarspray
half Hälfte
happen passieren
happy fröhlich; glücklich; zufrieden
hard fest; hart
has (er,sie,es) hatte *(von have)*
have haben
have a cold erkältet sein
have breakfast frühstücken
have to müssen; sollen
he er
health Gesundheit
healthy gesund
hear hören
heard hörte; gehört *(von hear)*
heavy schwer (nicht leicht)
height Höhe
held hielt; gehalten *(von hold)*
help helfen; Hilfe
hen party Jungesellinenfete
her ihr/e
here hier
herself selbst
hi hallo
high hoch
highway Autobahn
hike wandern
hill Hügel
himself selbst
his sein/e
history Geschichte (hist.)
hit schlagen; schlug, geschlagen
hold halten
hole Loch
holiday Feiertag
hood Motorhaube
hope hoffen
hospital Krankenhaus
hospitality Gastfreundschaft
host Gastgeber
hot heiß; scharf; warm
hotel Hotel
hour Stunde
house Haus
housewife Hausfrau
how wie
how many wie viele
how much wie viel
huh? wie bitte?
human being Mensch
hungry hungrig
hurricane Wirbelsturm
hurry up sich beeilen
hurt schmerzen; verletzt(e)
husband Ehemann; Mann

I

I ich
ice Eis
ID Ausweis
identity card Ausweis
if ob; wenn (falls)
ill krank
illness Krankheit
imagine vorstellen
immediately sofort
import Einfuhr
important wichtig
impossible unmöglich
impression Eindruck
in in (örtl.); in (zeitl.)
in front vorne; vor
in order to damit; um zu ...
income Einkommen
industry Industrie
infect anstecken
inform informieren
information Information
inhabitants Einwohner
injured verletzt
injury Verletzung; Wunde
innocent unschuldig
insect Insekt
inspect untersuchen
insult beleidigen
insurance Versicherung
intelligent klug
interested in interessieren
interesting interessant
international international
introduce vorstellen
invitation Einladung
invite einladen
island Insel
it es
itself selbst

J

jail Gefängnis
jewelry Schmuck
join mitmachen
journalist Journalist
journey Reise
just genau
just about fast

K

keep behalten; erhalten
kept behielt, behalten *(von keep)*
key Schlüssel
kind Art
kiss küssen
knife Messer
knew kannte *(von know)*
know kennen; wissen
known gekannt, gewusst *(von know)*

L

lake See
lamp Lampe
landscape Landschaft
language Sprache
large groß
last letzte
last name Familienname
late spät
laugh lachen (über etw.)
law Gesetz; Recht
lawyer Anwalt
lay legen; liegen
lazy faul (träge)
leaf Blatt
leaflet Prospekt
learn lernen
leave abfahren; abreisen; weggehen
left links; übrig; ging; gegangen *(von leave)*
less weniger
let lassen; ließ; gelassen
letter Brief; Buchstabe
license plate Nummernschild
lie lügen
life Leben
lift heben; hob; gehoben
light hell; leicht; Licht
lightening Gewitter
like gefallen; gern; wie; wollen
line Schlange (anstehen)
listen zuhören
little klein; wenig
live leben; wohnen
local regional
long lang
look aussehen
look for suchen
loose verlieren (Dinge)
lost verloren
loud laut
love lieben
low niedrig
luck Glück
lunchtime Mittag

M

made machte; gemacht *(von make)*
mail Post
main Haupt-
make machen
make a reservation reservieren
make a slip sich versprechen
man Mann

many viel
map Karte
market Markt
marriage Hochzeit
may dürfen
maybe vielleicht
medicin Medikament
meet treffen; verabreden
meeting Verabredung
member Mitglied
memorial Denkmal
memorize sich merken
men Männer
message Nachricht
met traf; getroffen *(von meet)*
middle Mitte
minute Minute
mirror Spiegel
Miss Fräulein
mistake Fehler
modern modern
moist feucht
mom Mutter
money Geld
month Monat
more mehr; über
morning Morgen; Vormittag
mostly meist
motel Motel
mother Mutter
motor home Wohnmobil
motorbike Motorrad
motorboat Motorboot
motorhome Wohnmobil
mountain Berg
mountain range Gebirge
movie theater Kino
movies Kino
Mr. Herr
Mrs. Frau
Ms. Frau
mufler Auspuff
museum Museum
music Musik
must müssen
my mein/e
myself selbst

N

nail polish Nagellack
nail polish remover Nagellackentferner
name Name
napkin Serviette
narrow eng; schmal
nartural natürlich
nation Volk
nationality Staatsangehörigkeit
native Ur-
nature Natur
near nah
necessary notwendig
need brauchen
needle Nadel
never niemals
new neu
newspaper Zeitung
next nächste
next to neben
night Nacht
no nein
nobody niemand
noisy laut
noon Mittag
normal normal
north Norden
not nicht
not allowed verboten (sein)
not guilty unschuldig
nothing nichts
notify benachrichtigen
now jetzt
nowhere nirgendwo/-hin
nude nackt
number Nummer

O

ocean Meer
of von
office Behörde; Büro
often oft
oil Öl
ointment Salbe
ok einverstanden
old alt
on auf; in
on time pünktlich
once einmal
once agaon noch einmal
one man
one another einander
oneself selbst
only einfach; nur
open auf; geöffnet; öffnen
operator Vermittlung
opinion Meinung
opposite from gegenüber
or oder
order bestellen
order Bestellung
organ Organ
organize organisieren
our unser/e
ourself selbst
out aus
over aus; über
owner Besitzer

P

pack Päckchen
package Paket
packet Päckchen
pain Schmerz
paint malen

painting Bild
pair Paar
paper Papier
parents Eltern
park Park; parken
parking (lot) Parkplatz
party Feier; feiern; Fest
pass überholen
passport Pass
past nach; über
pastries Gebäck
patient Patient
pay bezahlen
pay zahlen
peace Frieden
ped xing Achtung Zebrastreifen!
pencil Bleistift
people Leute; Volk
permit Erlaubnis
person Mensch; Person
phone Telefon
picture Bild
piece Stück
pill Tablette
pissed off sauer
place Ort; Stelle; stellen
places of interest Sehenswürdigkeiten
plan Plan
plane Flugzeug
plant Pflanze
platform Bahnsteig
play spielen
poison Gift
poisonous snake Giftschlange
police Polizei
polite höflich
politics Politik
poor arm
popular beliebt
population Bevölkerung
position Lage (geogr.)
possible möglich
post office Post(amt)
postcard Postkarte
practise üben
precise genau
pregnant schwanger
prepare vorbereiten
present Geschenk
price Preis
private privat
problem Problem
profession Beruf
program Programm
prohibited verboten (sein)
promise versprechen
pronunciation Aussprache
proof Beweis
property Eigentum
propose vorschlagen
pub Gaststätte
pull ziehen
punctual pünktlich
punish bestrafen
punishment Strafe
pupil Schüler(in)
pus Eiter
push drücken
put stellen; stellte; gestellt

Q

quality Qualität
quantity Menge; Quantität
queer homosexuell
question Frage
quick schnell
quilt Decke
quit aussteigen; verlassen; stieg aus; verlies; ausgestiegen; verlassen
quite ganz

R

radio Radiogerät
rain Regen
raising heraufbringen
ran rannte; gerannt *(von run)*
rarely selten
raw roh
read lesen; las, gelesen
ready fertig
really echt
reason Grund
recommend empfehlen
record Schallplatte
reduce verringern
region Gegend
register registrieren
relax entspannen
remember erinnern, sich
rent mieten; vermieten; mietete; vermietete; gemietet; vermietet
repare reparieren
repeat wiederholen
replace wechseln
rest Ruhe
restaurant Restaurant
restroom Toilette
return trip Rückfahrt
rich reich
ride fahren
right genau; Recht; rechts; richtig
rights Rechte
ripe reif
river Fluss
roof Dach
room Raum
room Zimmer
rope Seil
rotten faul
rubber Kondom
run laufen

S

sad traurig
safety Sicherheit
said sagten
salt Salz
sand Sand
sang sang; gesungen *(von sing)*
sanitary napkin Binde
save aufheben; sparen
saw sah; gesehen *(von see)*
say sagen
schedule Fahrplan
school Schule
scissors Schere
sea Meer
search suchen
season Jahreszeit
seasonings Gewürze
second Sekunde
see sehen
seen gesehen *(von see)*
seems scheint
seldom selten
sell verkaufen
send schicken, senden
sense Verstand
sent schickte; geschickt *(von send)*
sentence Satz
shall müssen; sollen
she sie (Ez.)
sheet Blatt
sheets Laken
ship Schiff
shoot schießen
shop Geschäft (Laden)
short kurz
shot Spritze; schoss; geschossen
show zeigen
shower Dusche
sick krank
side Seite
sidewalk Bürgersteig
sign unterschreiben
silk Seide
silver Silber
similar ähnlich
simple einfach
simply einfach
since seit
sing singen
single ledig
sister Schwester
sit sitzen
sit down scih setzen
size Größe
skies Skier
skinny dünn
sleep schlafen
sleeping bag Schlafsack
sleeveless ärmellos
slept schlief; geschlafen *(von sleep)*
slow langsam
small klein
smart klug
smell Geruch; riechen
smile lächeln
smoke rauchen
so so
soap Seife
soccer Fußball
society Gesellschaft
sold verkaufte; verkauft *(von sell)*
some ein bisschen; einige; etwas
somebody jemand
someone jemand
something etwas
sometimes manchmal
son Sohn
song Lied
soon bald
soup Suppe
south Süden
spare part Ersatzteil
speak sprechen
speed limit Geschwindigkeitsbegrenzung
spell buchstabieren
spice Gewürz
spicy scharf
spoke sprach *(von speak)*
spoken gesprochen *(von speak)*
spoon Löffel
sports Sport
spring Frühling
square Platz
stain Fleck
stairs Treppe
stamp Briefmarke
stand stehen
start abfahren
stay Aufenthalt; bleiben
steep steil
still noch
stone Stein
stood stand; gestanden *(von stand)*
stop anhalten; aufhören; halten
store Geschäft
story Geschichte
straight direkt
straight ahead geradeaus
strange fremd
street Straße
streetcar Straßenbahn
strong hart; stark
student Student
stupid dumm
style Stil
subway U-Bahn
success Erfolg
suddenly plötzlich

suitcase Koffer
sum Summe
summer Sommer
sun Sonne
sure sicher
surely sicher
surroundings Umgebung
swam schwamm *(von swim)*
sweat schwitzen
sweet süß
swim schwimmen
Swiss Schweizer(in)
Switzerland Schweiz
swum geschwommen *(von swim)*

T

take dauern; nehmen
taken genommen *(von take)*
take pictures fotografieren
take-off abfliegen
talk reden
tall groß; hoch
taste kosten
tasty schmackhaft
tax Zoll
taxi Taxi
teach unterrichten
techer Lehrer(in)
teens Jugendliche
telegramm Telegramm
television Fernsehgerät
tell erzählen
tent Zelt
term Begriff
than als; wenn
thank danken
thanks danke
that dass; jener
the der; die; das
the day after tomorrow übermorgen
the day before yesterday vorgestern
theater Theater
their ihr/e
themselves selbst
then dann
there da; dort
therefore darum; deshalb
these diese(r,s)
they sie (Mz.)
thick dick
thin dünn
thing Ding; Sache
think denken
thirsty durstig
this dies
this kind of solch(e,er,es)
this type of solch(e,er,es)
thread Faden
through durch (hindurch)
throw up übergeben, sich
thru durch (hindurch)
ticket Fahrkarte; Flugticket
ticket fee Fahrpreis
time Zeit
tiny winzig
tip Trinkgeld
tire Reifen
tired müde
to damit; nach
tobacco Tabak
today heute
together zusammen
toilet Toilette
toilet paper Toilettenpapier
told erzählt(e); *(von tell)*
tomorrow morgen
too auch; zu (sehr)
took nahm *(von take)*
too much zuviel
toothpaste Zahnpasta
tought lehrte; gelehrt *(von teach)*
tow a car abschleppen
tower Turm
town Stadt
toys Spielzeug
trade Handel
tradition Tradition
train Eisenbahn; Straßenbahn; Zug
train station Bahnhof
transfer Überweisung
translate übersetzen
translator Dolmetscher; Übersetzer
trash Müll
trash can Mülleimer
travel reisen
travel agent Reisebüro
treat behandeln (Krankh.)
tree Baum
trip Reise
truck LKW
true wahr
trunk Kofferraum
try kosten; versuchen
TV Fernsehgerät

U

ugly hässlich
umbrella Regenschirm
uncle Onkel
unconcious bewusstlos
under unter
understand verstehen
undress ausziehen
unfamiliar unbekannt
university Universität
unknown unbekannt
until bis
up oben
upstairs oben
urgent dringend
useful nützlich

V

vacancy Zimmer, frei
vacation Ferien; Urlaub
vacuum cleaner Staubsauger
valid gültig
valley Tal
vegetables Gemüse
veggies Gemüse
vehicle Fahrzeug; Wagen
very sehr
victim Opfer
view Aussicht
village Dorf
visit besichtigen; besuchen
visitor Besuch
voice Stimme

W

wage Lohn, Gehalt
wait warten
wake up aufwachen; wecken
walk gehen; laufen
wall Wand
want wollen
warm herzlich; warm
warning Warnung
was (er, sie, es) war *(von be)*
wash waschen
watch Uhr
water Wasser
way Weg
we wir
weak schwach
weather Wetter
wedding Hochzeit
week Woche
weight Gewicht
well gut
went ging *(von go)*
were (wir, ihr sie) waren *(von be)*
west Westen
wet nass
what was
when als; wann
where wo
where from woher
where to wohin
which welcher
while während
who wer
whole ganz
whose wessen
why warum
wide breit; weit
wife Ehefrau
wild wild
will werden
wind Wind
window Fenster
windshield Windschutzscheibe
windshield (car) Fensterscheibe (Auto)
winter Winter
wire Telegramm
wish wünschen
with mit
without ohne
woke weckte *(von wake)*
woken geweckt *(von wake)*
woman Frau
wood Holz
word Wort
wore trug *(von wear)*
work arbeiten
worker Arbeiter(in)
worn getragen *(von wear)*
would würde *(von will)*
wound Wunde
wrench Schraubenschlüssel
write schreiben
written geschrieben *(von write)*
wrong falsch
wrote schrieb *(von write)*

Y

year Jahr
yell rufen; schreien
yes ja
yesterday gestern
yet noch
you du; man; Sie
young jung
your dein/e; euer/e
yourself selbst
yummy schmackhaft

Z

zip code Postleitzahl

Die Autorin

Elfi H. M. Gilissen (geb. 1969) ist studierte Diplom-Übersetzerin für Chinesisch und Indonesisch, befasst sich aber als freiberufliche Autorin und Lektorin mit vielen Sprachen und somit Ländern der Welt. Die Liebe zu Sprachen wurde ihr schon vom niederländischen Vater und der flämischen Mutter in die Wiege gelegt.

Eigentlich auf Südwestchina und vor allem Tibet eingeschworen, wurde durch die zufällige Begegnung mit einem Australier ihr Interesse am fünften Kontinent geweckt. Seit der ersten gemeinsamen Reise nach Australien im Jahr 2000 fährt sie auch ohne ihren australischen Lebensgefährten regelmäßig ein- bis zweimal jährlich für längere Zeit durch den Kontinent. Am Niederrhein aufgewachsen, lebt Elfi Gilissen heute mit ihrem australischen Lebensgefährten in den Niederlanden.

Weitere bei Reise Know-How erschienene Titel der Autorin sind „Kulturschock Australien", „Australien Auswanderer-Hand-buch", „Australiens Outback und Busch entdecken", „Sydney und seine Nationalparks", „Englisch für Australien – Wort für Wort", „Flämisch – Wort für Wort", „Amerikanisch – Wort für Wort", „Niederländisch Slang" und das in Englisch verfasste „German Slang". Weitere Buchprojekte zum Thema Australien sind schon in Arbeit.

Englisch für Australien
ISBN: 978-3-89416-557-4

Flämisch
ISBN: 978-3-89416-775-2

Niederländisch Slang
ISBN: 978-3-89416-461-4